우리 아이 마음에도 길이 있다

두렵고 불안한 아이와 엄마를 위한 마음 치료 이야기

우리 아이 마음에도
길이 있다

초판 1쇄 인쇄 | 2025년 11월 22일
초판 1쇄 발행 | 2025년 11월 25일

지은이 | 김선주
펴낸곳 | 자유로운상상
펴낸이 | 하광석
디자인 | 김현수(이로)

등 록 | 2002년 9월 11일(제 13-786호)
주 소 | 경기도 하남시 미사강변중앙로 204번길 11 1103호
전 화 | 02 392 1950 팩스 | 02 363 1950
이메일 | hks33@hanmail.net

ISBN 979-11-995429-0-7(03180)

ⓒ 김선주

· 사전 동의 없는 무단 전재 및 복제를 금합니다.
· 잘못 만들어진 책은 바꾸어 드립니다.
· 책 값은 뒤표지에 있습니다.

우리 아이 마음에도 길이 있다

두렵고 불안한 아이와 엄마를 위한 마음 치료 이야기

김선주 지음

자유로운 상상

Prologue

미국 뉴저지 한 고등학교에서 ESL 교사로 근무하던 나는, 돋보기가 필요한 늦은 나이 다시 학생이 되었다. 남편이 떠나버린 휑한 세상에서 내게 찾아온 우울증이란 낯선 손님, 그것을 극복하고자 시작한 대학원 공부는 내게 심리치료사라는 뜻밖의 인생 이 막을 열어주었다. 그리고 그 길에서 그동안 많은 아이와 부모들을 만났다.

상담 초년 시절, 네 살부터 고등학생에 이르기까지 아이들만을 위한 프로그램에서 일했다. 그 시간은 내게 잊을 수 없는 깨달음을 주었다. 아이들의 정신건강이, 결국 부모의 그림자와도 같다는 사실이었다. 그리고 상담 결과는 부모의 태도와 노력이 얼마나 함께하는지에 따라 달라졌다는 것이었다. 부모가 좋은 부모가 되기 위해 용기 내어 한 걸음 다가왔을 때, 아이들은 마치 기적처럼 좋아졌다.

어떤 부모들은 내가 말하기도 전에 아이가 힘들어진 이유를 알고 싶어 했다. 무엇을 바꾸어야 하는지 묻고, 좋은 부모가 되기 위해 자신도 상담받았다. 그런 부모의 아이들은 눈에 띄게 변했고, 다시 밝아졌다. 초등학교 6학년 때 상담을 시작해 대학 졸업 후에도 나와 여전히 인연을 이어가는 가족도 있다.

아이들은 정말 화분에 심어진 작은 화초 같았다. 부모의 햇볕 같은 웃음과 칭찬, 물 같은 격려와 애정이 부어졌을 때, 시들어가던 아이들이 다시 살아났다. 싱그럽게 피어났다. 결국 아이들을 다시 살려낸 힘은 부모의 사랑과 헌신이었다.

반면, 나를 여전히 힘들게 하는 부모들도 있었다. "이 아이 좀 고쳐주세요(Fix my child)!"라며 아이만 문제 삼는 부모들, 자신은 잘못이 없다며 화를 내고, 상담 자리에서도 변명에만 몰두하는 부모들. 그들의 눈에 아이의 고통은 그저 불편한 사건, 혹은 창피한 일일 뿐이었다. 그런 부모 밑에서 아이의 마음은 더 깊이 병들어갔다.

많은 사람이 정신적 어려움은 특별한 사람들에게만 일어나는 일이라고 생각한다. 큰 오해다. 세계보건기구(WHO)와 미국 국립 정신건강 연구소(NIMH)의 보고에 따르면, 인구의 절반 정도가 일생에 한 번은 약하게라도 정신건강 문제를 겪는다. 특히 중요한 사실은, 정신건강 문제의 절반 이상이 14세 이전에 시작되고, 4분의 3이 24세 이전에 발생한다는 점이다. 청소년기는 그만큼 아이들이 가장 많이 흔들리고 힘들어하는 시기다. 이때 부모가 "도와달라"는 신호를 놓치지 않고 반응할 수 있느냐 없느냐가, 아이 인생을 송두리째 바꾸어 놓는다.

팬데믹 이후 아이들은 더욱 힘들어졌다. 상담을 찾는 아이들은 이전보다 두 배 가까이 늘었고, 치료사들의 대기 명단은 길게 이어졌다. 한국을 방문했을 때 만난 엄마들도 하나같이 말했다. "우리도 힘들어요. 위로가 필요해요. 길잡이가 필요해요." 엄마들의 그 고백이 오래도록 마음에 남았다. 그래서 상담 현장에서의 경험과 강의했던 이야기들을 엮어, 부모들에게 조금이나마 도움이 되기를 바라는 마음으로 이 책을 쓰게 되었다.

약 2년 전 출간된 나의 칼럼 모음집 "말하지 않으면 알 수 없는 것들"과 달리, 이 책은 산고를 겪어야 했다. 주제부터가 힘들었기 때문이다. 한국 사회라는 초경쟁 시스템에서 참으로 어렵게 자녀를 양육하고 있는 한국 부모들의 엄청난 불안, 그리고 소수민족으로서 자녀들을 주류사회에 진출시켜야 하는 해외 한인 부모들의 절실한 압박감이, 나에게도 아주 무겁게 다가왔기 때문이다.

그래서 이 책은, 어느 곳에서건 부모로, 아이로, 우리가 모두 힘들게 살아낸, 그리고 지금도 겪어내고 있는 그런 이야기들이다. 심리치료사지만 부실하기 짝이 없는 나의 멘탈 고백기이면서, 어쩌다 어른이 되고, 어쩌다 부모가 된 우리 모두의 좌충우돌 자녀 양육 실패기 혹은 성공기이다. 소중한 우리 아이들의 눈물 나게 감사한 회복기, 혹은 안타까운 좌절의 이야기들이다.

아이들의 불안, 우울, 수치감, 자존감 문제는 국적을 가리지 않는다. 한국 부모든, 미국의 이민 부모든, 아이를 향한 마음도 다를 것이 없다. 그래서 이 책의 이야기는 한국 부모님들에게도, 미국에서 살아가는 한인 부모님들에게도 똑같이 유효한 이야기들이다.

생각보다 많은 분이 익명으로 사례 나누기를 허락해주셨다. 비슷한 일로 고민하는 다른 부모들을 돕고 싶은 마음이었을 것이다. 감사드린다. 그들의 깊은 배려와 용기가 이 책을 가능하게 했고, 이 책을 읽는 많은 사람에게 큰 도움이 될 것이다. 사례들의 익명성을 지키기 위해, 이름과 성별, 나이, 가족 상황 등은 전적으로 픽션화되었고 어떤 세부 사항들은 재구성되었다. 따라서 혹시 아는 사람처럼 느껴지더라도 실제 인물일 가능성은 거의 없을 것이다. 하지만 그런 생각이 들 수 있는 것은, 이런 일들은 우리 삶 속에서 누구에게나, 어느 가정에서나 일어날 수 있는 일들이기 때문이다.

이 책을 통해 부모님들이 아이 마음에 난 작은 길들을 더 깊이 들여다볼 수 있게 되기를 바란다. 서툴고 흔들리지만, 성장이라는 길 위에서 아이들이 보내는 외침을 더 선명하게 듣게 되기를 바란다. 그리고 아이들이 힘들어진 그 길에서, 두려움이나 조급함이 아니라 이해와 공감으로 함께 아이 손을 잡고 걸어주시길 소망한다.

부모님들이 우리 아이들에게 세상에서 가장 든든한 '내 편"이 되어주는 여정에 작은 등불이 되기를 바라는 마음으로, 이 책을 세상에 내어놓는다.

뉴저지에서 김 선 주

해바라기 마음 쉼터 MSW, LCSW

차례

프롤로그   4

Chapter 1 **우리 아이 왜 이렇게 걱정이 많을까요**   9
불안 사례로 읽는 우리 아이 마음길

Chapter 2 **말없이 무너지는 아이**   49
우울 사례로 읽는 우리 아이 마음길

Chapter 3 **아이 마음속의 감옥**   79
강박사례로 읽는 우리 아이 마음길

Chapter 4 **조금 다른 길, 함께 걷는 마음**   115
ADHD와 자폐에서 읽는 우리 아이 마음길

Chapter 5 **흔들리는 마음의 계절**   145
10대들의 마음 읽기

Chapter 6 **슬기로운 감정 소통**   189
아이와 부모, 마음의 다리 놓기

Chapter 7 **마음의 갑옷**   211
스스로 지키고자 아이 마음에 나는 길

Chapter 8 **부모의 자리**   229
기쁨과 고단함의 사이에서

에필로그   252
부록   256

1
Chapter

우리 아이
왜 이렇게 걱정이 많을까요

불안 사례로 본 우리 아이 마음길

"정신건강 문제 중 가장 큰 비율은 우울증일 것 같지만 사실은 불안장애다. 불안장애 종류로는 가장 흔한 범불안장애(Generalized Anxiety Disorder, GAD), 공황장애(Panic Disorder), 분리불안장애(Separation Anxiety Disorder), 사회불안장애(Social Anxiety Disorder, Social Phobia), 특정 공포증(Specific Phobia), 광장공포증(Agoraphobia), 선택적 함구증(Selective Mutism)등이 있다."

엄마가 될 수 있을까?
어린 소녀의 조용한 걱정

난 태어날 때부터 불안이 성격 속에 촘촘히 얽혀있었던 것 같다. 어린 시절에도 별별 걱정을 다 해서 별명이 '안달박사'였다. 초등학교 3학년 때, 훗날 아이를 낳지 못하면 어쩌나 하는 걱정에 벌써 사로잡혔으니! 그 시절 N사 깡통에 그려진 튼실하고 해맑게 웃는 남자아이 사진을 볼 때마다, 어린 내 가슴은 무너져 내렸다. '나는 저런 아이를 절대 낳을 수 없을 거야. 그러면 남편은 날 버리고 말 거야.' 걱정은 그렇게 꼬리를 물고 이어졌다.

그뿐만이 아니었다. 시험을 망쳐 성적이 떨어지면 어떡하지, 내 친구가 날 싫어하면 어떡하지, 선생님이 날 미워하면 어쩌지, 시장에 가신 엄마가 혹시 무슨 일을 당하면 어쩌지…. 우리 집이 망할까봐, 강아지 보비가 나가서 돌아오지 않을까봐, 나의 걱정 메뉴는 끝이 없었다. 엄마는 별 걱정을 다 한다고 뭐라고 하셨지만, 프로 걱정러 내 눈에는 세상이 늘 불안하고 위태롭게만 보였다.

초등학생이 장차 아이를 낳지 못해 이혼당할까 걱정하다니, 좀 어이가 없다! 나이답지 않은 미래를 향한 이런 과도한 염려는 전형적인 범불안장애(GAD)의 그림자다. 부모님의 사랑과 선생님들의 관심을 한몸에 받으며 자란 내가 왜 그토록 불안했을까? 심리치료사가 된 지금, 어린 나의 마음을 되돌아보면 이해되는 구석이 있다. 물론 타고난 기질도 있었겠지만, 당시 집안 분위기도 큰 영향을 끼쳤던 것 같다.

나는 부모님의 사업 실패로 서울로 이사 와 가장 어려운 시기에 태어난 막내였다. 5남매와 부모님은 단칸방에서 지내야 했고, 갓난아기였던 나는 유난히 울음이 잦아 밤마다 엄마가 나를 업고 골목을 서성여야 했다고 한다. 부모님은 언제나 우리에게 좋은 부모가 되고자 애쓰셨지만, 경제적 어려움으로 인한 갈등은 끝이 없었고 집 안에는 늘 긴장감이 흘렀다.

아마 그 속에서 나는 '항상 최악의 상황에 대비해야 한다'라는 무의식적인 사고를 품게 되었고, '힘든 부모님을 기쁘게 하려면 뭐든 완벽해야 한다'라는 강박이 자리 잡으면서, 결국 모든 일에 과도한 걱정을 품는 아이가 되어버렸던 것 같다.

그렇다면, 심리학 1도 몰랐던 초딩 나는 그 아득한 미래의 불임 공포에서 어떻게 벗어날 수 있었을까? 놀랍게도, 어느 날 나는 견디다 못해 스스로 불안한 나를 치료하기 시작했다! 예를 들면 이런 식이었다. "그래, 아이를 못 낳는다고 치자(WHAT IF). 그러면 남편이 나를 버리겠지. 그래, 그러면 혼자 살면 되지(SO WHAT). 혼자 살려면 실력이 있어야 하니, 그래, 죽기 살기로 공부하자." 이렇게 스스로 대비책을 세우며 살다 보니, 어느 순간 그 끈질기던 걱정이 감쪽같이 사라졌다!

후일 상담을 공부하며 알게 된 사실이지만, 이것이 바로 인지행동치료(CBT)의 한 방법이었다. 인지행동치료란 왜곡된 생각(인지)을 바로잡아, 힘들어진 감정과 행동을 회복하는 방법이다. 그중 하나인 "WHAT IF – SO WHAT" 기법은, '최악의 경우(WHAT IF)'를 먼저 상상하고, 이어서 '그렇다면 어떻게 할까(SO WHAT)'를 스스로 답해보는 방식이다. 이렇게 하다 보면 그 생각이 주는 '위협감과 불안'이 줄어들게 된다.

초등학생이 자기 자신을 대상으로 인지행동치료를 했다는 것이, 지금 돌아보면 그저 신기할 따름이다. 참고로, 그렇다면 프로 걱정꾸러기 나는 과연 아이를 못 낳았을까? 천만에, 말씀! 결혼하자마자, 분유통 아이처럼 예쁘고 떡두꺼비 같은 아들을 연이어 둘이나 '턱' 낳았음을 말씀드린다!

걱정을 꺼내면,
마음이 가벼워져요

아이들이 작은 얼굴에 근심을 가득 안고 상담 오피스에 들어오는 모습을 종종 본다. 아직 어린데도 늘 긴장하고 피곤해하는 아이들을 보면 내 어릴 적 생각이 나서 마음이 저려온다.

이럴 때 도움되는 것이 걱정 일지다. 걱정이 떠오르면 날짜와 걱정 내용을 자세히 적고, 그 강도를 1(가장 약함)에서 10(가장 힘듦)까지 기록한다. 자신의 걱정이 어느 정도 힘든지 아이 스스로 확인할 수 있다. 이어서 현실 검사를 해본다. '정말 그 일이 일어날 확률은 얼마나 될까?' '예전에 그런 일이 실제로 있었을까?'와 같은 질문에 대답해보는 것이다. 마지막 칸에는 그 걱정이 '실제로 일어났는지'를 기록한다. 이렇게 반복하다 보면 대부분 걱정은 그저 흘러가 버린 것임을 아이 스스로 깨닫게 된다. 걱정하는 것이 쓸데없는 경우가 많다는 사실을 발견하면서 마음이 조금씩 가벼워진다.

혹시 일지 쓰는 것을 거부한다면 걱정 상자를 활용할 수 있다. 나는 아이들과 작은 걱정 상자를 만들곤 한다. 아이들이 힘들어할 때마다 걱정거리를 쪽지에 적어 상자 안에 던져 넣게 한다. 그리고 이렇게 말해준다. "이제 이 걱정은 정해진 걱정 시간에만 꺼내서 함께 보자."

요즘은 Worry Eater라는 귀엽게 생긴 봉제 인형을 사용하기도 한다. 걱정을 쪽지에 적어 인형 입 안에 집어넣고 지퍼를 닫으면, 그 걱정은 이제 인형의 몫이 된다. 다음 주에 열어보면 신기하게도 많은 걱정이 사라져 있다! 화낼 줄 알았던 엄마는 오히려 이해해주었고, 오해했던 친구와도 화해했다. 아이는 놀란 눈으로 말한다. "정말 걱정할 필요가 없었네요!"

걱정이 많고 불안이 큰 사람들에게 호흡은 긴장을 이완시키는 좋은 도구가 된다. 그중에서도 복식 호흡은 간단하면서도 효과적이다. 아이들에게 설명할 때는 이렇게 말해주면 된다. "SMELL THE ROSE,

BLOW THE CANDLE." 장미 향기를 맡듯 코로 천천히 숨을 들이마시고, 촛불 끄듯 입으로 숨을 천천히 내쉬는 방법이다.

이때 중요한 것은 내쉬는 시간을 조금 더 길게 가지는 것이다. 호흡을 내쉬며 긴장이 풀어지고, 몸과 마음이 점차 이완되는 것을 경험하게 된다. 아이에게는 숨을 들이마실 때 속으로 "걱정하지 마"라고 말하고, 내쉴 때는 "다 잘될 거야"라고 속삭이도록 지도하는 것도 좋다. 짧은 문장이지만, 반복할수록 아이 마음에 따뜻한 안심이 스며든다. 이 작은 호흡 연습은 아이에게 "나는 스스로를 돌볼 수 있다"는 경험을 준다. 불안에 휩싸일 때마다 손쉽게 꺼내 쓸 수 있는 도구가 된다.

이런 연습들을 하며 아이들은 깨닫게 된다. 내 걱정이 반드시 나를 무너뜨리는 것은 아니라는 것, 많은 걱정들은 그냥 지나가 버린다는 것이다. 부모가 따뜻한 마음으로 곁에서 지켜봐 주기만 하면, 아이는 조금씩 마음의 짐을 내려놓고 다시 가벼운 걸음으로 하루를 살아가게 된다.

✔ 마음을 만져주는 따뜻한 햇살 같은 말

"그렇게 느끼는 건 이상한 게 아니야. 누구나 불안할 수 있어. 불안한 건 네 잘못이 아니란다."

"불안해도 괜찮아. 감정이 섬세해서 그런 거야. 그 감정을 우리 무시하지 말도록 하자."

"혼자 해결하려고 고민할 필요 없어. 엄마(아빠)가 옆에 있어. 함께 이겨내자. 엄마 아빠는 네 편이야."

"어떤 상황에서도 너는 안전한 거 알지? 나는 널 도와줄 수 있어."

"지금 숨을 천천히 쉬어보자. 같이 해볼래?"

"지금은 그 걱정이 산더미같이 커 보여도, 시간이 지나면 줄어들 수 있단다."

"우리 그 걱정에 차라리 이름을 붙여볼까? 알아차리면, 조금 덜 무서울 수 있어."

"불안을 느끼면서도 하루하루를 열심히 살아내는 모습이 정말 자랑스럽구나!"

✔ 이런 말은 마음을 다치게 해요

아이의 불안을 무시하거나 축소하는 말

"그게 무슨 걱정할 일이라고! 넌 별걱정을 다하는구나."

"그 정도 가지고 뭘 그래?"

"쓸데없는 걱정 말고 진짜 중요한 걱정을 좀 해봐라."

"엄마 아빠는 걱정 안 하고 사는 줄 알아? 다들 그렇게 사는 거야."

범불안장애는 어떻게 알 수 있나요?(DSM-5)*

이 중 최소 3가지 이상(아동의 경우 최소 1가지 이상)이 6개월 이상 지속될 때

1. 안절부절못함 또는 긴장, 초조한 느낌
2. 쉽게 피곤함
3. 집중이 어렵거나 머리가 멍한 느낌
4. 자극에 민감하고, 쉽게 화냄
5. 근육의 긴장
6. 수면 장애(잠들기 어려움, 자주 깨거나 깊이 못 잠)

네 살 헤더의
무서워진 우주

나의 첫 내담자는 헤더(가명, 4세)라는 인형같이 예쁜 금발의 여아였다. 네 살짜리 아이도 상담이 필요하냐고 묻는 이들이 있지만, 그렇다. 이후에도 네 살, 다섯 살 아이들도 여러 차례 만났다. 대부분은 분리불안(Separation Anxiety)이나 선택적 함구증(Selective Mutism) 때문이었다.

---

* 이 책에 언급되는 DSM-5는 Diagnostic and Statistical Manual of Mental Disorders, Fifth Edition의 약자로, 미국정신의학회(APA)가 2013년에 발간한 정신질환 진단 및 통계 편람 제5판을 말한다. 국제적으로 널리 사용되는 정신질환을 진단하기 위한 표준 기준서이다.

첫 세션에서 만난 헤더 엄마 얼굴에는 "나 지금 너무 힘들다"라고 쓰여 있는 듯했다. 어린 싱글맘의 고단한 삶이 한눈에 느껴져 마음이 짠했다. 헤더는 요즘 아침마다 배가 아프다, 머리가 아프다 하며 유치원에 가지 못하고 있었다. 하지만 소아·청소년과에서는 아무 이상이 없다고 결국 상담을 권유해서 내게 오게 된 것이었다. 전형적인 분리불안 증상이었다.

헤더는 원래도 유치원 앞에서 엄마와 떨어질 때 많이 울곤 했다. 그러나 막상 엄마가 떠나면 금세 선생님하고 친구들과 잘 지냈다. 그런데 최근 한 달 사이에는 아예 유치원에 가지 못할 만큼 힘들어했다.

나는 조심스럽게 아빠 이야기를 꺼냈다.

"아빠는 얼마나 자주 보나요?"

"원래는 매주 토요일 아침부터 일요일 저녁까지 함께 보내요."

"아빠가 약속을 잘 지키시나요? 그리고 헤더는 아빠 만나는 것을 좋아하나요?"

"네, 헤더가 아빠를 아주 좋아해요. 어릴 때부터 많이 놀아주고 따뜻하게 돌봐줬거든요."

그러나 이내 엄마의 얼굴에는 깊은 한숨이 드리워졌다.

"생각해보니, 아이가 이러는 게 아빠 때문인 것 같네요."

엄마의 표정에서 순간 분노가 번져 나왔다.

"작년에 아빠가 다른 여자와 함께 살림을 합쳤어요. 그러면서 주말에 아이를 보러 오지 않기 시작했어요. 두 달 전엔 멀리 이사까지 가버렸고, 그 이후로는 거의 오지 않아요."

"헤더가 많이 기다렸을텐데요."

엄마의 얼굴은 이제 노골적으로 분노를 나타내기 시작했다.

"마음이 변한 거 같아요. 아무리 독촉을 해도, 핑계를 대며 안 오는 때가 많아요. 이사한 후에는, 이제 거의 안 오고 있어요."

네 살 헤더도, 어린 엄마도, 둘 다 너무 안쓰럽기만 했던 첫 세션이었다.

부모로 산다는 것이 얼마나 막중하고도 숭고한 사명인지 종종 깨닫지 못한 채, 그리고 우리는 어느 날 갑자기 부모가 된다. 아이에게 부모는 전부가 된다. 아이의 온 우주가 된다.

부모의 이혼으로 갑자기 그 우주의 한 부분이 무너져버린 헤더에게, 아빠가 사라진 세상은 얼마나 불안했을까. 그나마 주말마다 찾아오던 아빠의 사랑이 헤더의 불안한 우주를 간신히 지탱해 주고 있었을 터였다.

하지만 지난 두 달, 아빠의 발자취마저 사라진 후, 헤더의 작은 우주는 얼마나 두려움과 슬픔의 안개로 가득했을 것이다. "아빠가 다시는 오지 않으면 어쩌지? 나를 버린 게 아닐까?" 그 무서운 질문들이 번개처럼 내리치고 있었을 것이다. 그러다 엄마마저 잃을까 두려운 마음이 분리불안을 일으켰고, 말로 표현 못하는 불안이 두통과 복통 같은 신체화 증상으로 나타나게 된 것이었다.

나는 먼저 어린 엄마의 마음을 충분히 공감해주었다. 그 버거운 무게를 덜어내지 않으면, 아이에게도 안정감이 전해질 수 없기 때문이다. 그리고 헤더에게 필요한 안전망을 만들어 주는 방법들을 안내했다. 안심시키는 말을 해주되, 말뿐 아니라 눈을 맞추고 포옹하고 손을 잡아주는 따뜻한 접촉이 필요하다고 전했다. 유치원에 데려다줄 때 아이가 울까 두려워 몰래 사라지는 것은 오히려 해롭다는 것도 설명했다.

또 헤더에게는 분리불안을 다룬 그림책들을 자주 읽어주었다. 엄마 곰이 아기 곰을 두고 일하러 가는 이야기, 학교에 가기 싫어했던 꿀벌 이야기 등은 헤더를 웃게 만들었다. 그리고 엄마가 반드시 돌아올 것임을 기억하게 하려고, 엄마를 상징하는 물건을 하나 학교에 가지고 가게 했다. 헤더는 엄마와 함께 놀던 인형을 데려갔다. 불안할 때마다 인형을 꼭 쥐며 세 시가 되면 엄마가 데리러 올 거라는 사실을 스스로 되새길 수 있었다.

시간이 흐르면서 헤더의 증상은 차츰 호전되었다. 다행히 아빠도 아이의 이야기를 듣고는 미안해하며, 다시 격주라도 꼭 만나러 오기 시작했다. 그렇게 나의 첫 네 살짜리 내담자 헤더의 상담은 해피엔딩으로 마무리되었다.

🌱 마음을 만져주는 따뜻한 햇살 같은 말

"엄마랑 떨어지는 게 속상하고 무섭구나. 이해해. 엄마도 너랑 떨어지기 싫을 때가 있거든."

"불안하고 무서운 마음이 들어도 괜찮아. 네 마음이 뭐가 소중한지 잘 알아서 그러는 거야."

"엄마가 세시에 꼭 데리러 올게. 시계가 여기까지 오면 우리 만나는 거야."

"걱정하면서도 용감하게 학교 가네! 정말 자랑스러워."

"엄마 없이도 잘할 수 있지? 엄마는 너를 믿어."

"이 인형이 엄마 대신이야. 오늘 종일 너랑 같이 있을 거야. 엄마 보고 싶을 때 안아봐."

"이 손수건(인형, 사진, 하트그림)엔 엄마 향기가 묻어 있어. 불안할 때 꼭 쥐어보자."

"뽀뽀 세 번, 하이 파이브, 그리고 빠이빠이 춤추고 가자!"(작별루틴)

"혼자 잘 있었네! 정말 멋져!!"

🌱 이런 말은 마음을 다치게 해요

"그만 좀 울어"

"왜 그렇게 유난이야! 다른 애들은 잘 가잖아."
(불안과 수치심을 유발하는 말)

"엄마 안 간다니까."(거짓말로 달래는 것은 좋은 방법이 못됨!)

"너 때문에 엄마 힘들어 죽겠어."

귀가 커진
애니의 무서운 밤

애니(가명, 6세)는 밤만 되면 무서웠다. 낮에는 아무렇지 않던 방이, 불만 꺼지면 전혀 다른 세상으로 변했다. 귀가 점점 커지는 것만 같았다. 정말 커진 것은 아니었지만, 소리들이 너무 크게, 너무 많이 들렸다. 애니는 그 현상을 '빅이어(Big Ear)'라고 불렀다.

빅이어가 되는 밤이면, 낮에 엄마 아빠가 싸우며 서로에게 퍼붓던 욕설이 그대로 다시 들려왔다. 애니의 작은 가슴은 두근거렸고, 귀는 더 커지는 듯했다. 혹시 내가 잘못해서 엄마 아빠가 싸운 건 아닐까, 이러다 엄마 아빠가 헤어지는 건 아닐까, 그렇다면 나는 누구와 살아야 하나… 어린 마음속에서 걱정이 꼬리를 물었다.

최근 들어 애니는 아무리 양을 백 마리까지 세어도 잠이 오지 않았다. 눈을 꼭 감고 이불을 끌어안아도, 낮에 들은 그 소리들이 마치 문틈 사이로 스며드는 찬 바람처럼 가슴을 덜컥덜컥 울렸다. 이제는 엄마 아빠가 싸우지 않는 날에도, 밤만 되면 혼자 잠들 수 없었다. 꼭 엄마가 옆에 누워 있어야만 겨우 눈을 감을 수 있었다.

"엄마, 오늘도 내 옆에서 자면 안 돼?"

"왜? 무서운 꿈 꿨어?"

"아니, 그냥, 귀가 너무 커졌어."

엄마는 처음엔 웃어넘겼다. 하지만 애니가 계속 혼자 자지 못하고, 자다 깨서 부모 방으로 들어오는 일이 잦아지자, 결국 상담을 받게 되었다.

부모의 갈등은 아이의 안전한 세계에 균열을 낸다. 그리고 그 충격은 몸보다 먼저 마음에 새겨진다. 예민한 기질을 가진 애니에게 부모의 싸움 소리는 곧 불안이 되었고, 그 불안은 애니의 분리불안과 수면 장애로 이어졌다. "귀가 커졌다"고 표현할 만큼 소리에 예민했던 애니에게, 밤은 더 이상 쉬는 시간이 아니었다.

상담에서 애니 부모는 아이 앞에서 자주 다툰 사실을 인정했다. 홧김에 내뱉은 욕설이 아이를 이토록 힘들게 할 줄 몰랐던 것이다. 부모는 이후 다툴 일이 생기면 차라리 밖이나 차로 나갔다. 아이 앞에서는 절대 큰소리 내지 않기로 했다. "너 때문이 아니야"라는 말보다, 아예 싸우는 소리를 듣지 않는 것이 애니에게 훨씬 중요한 것을 알았기 때문이다.

또한 불안이 커지는 밤을 '안전의 언어'로 채워주었다. 엄마가 매일 함께 누워 자는 대신, 엄마를 대신할 인형을 안고 잠들게 했다. 처음에는 엄마가 의자에 앉아 손을 잡아주었지만, 점차 의자를 침대에서 멀리 옮겨가며 혼자 잠드는 연습을 도왔다. 마침내 밤새 혼자 잔 날에는 큰 상으로 격려해주었다.

애니는 내가 선물한 작은 걱정 인형(worry doll)을 무척 좋아했다. 이 인형은 과테말라 전통에서 유래한 것으로, 잠들기 전 아이가 모든 걱정을 털어놓으면, 인형이 밤새 그것을 가져가 준다고 믿는다. 애니는 자기 전에 걱정되는 모든 것을 인형에게 속삭이고 베개 밑에 넣었다. 신기하게도 마음이 한결 가벼워졌다. 어른들도 걱정을 글로 쓰거나 말로 표현하면 한결 풀리는 것처럼, 아이들에게도 걱정을 '말하는 행위' 자체가 큰 위로가 된 것이다.

 애니 이야기는, 아이의 분리불안이 단순한 떼쓰기가 아니라, 부모의 사랑과 안정감이 흔들릴 때 아이 마음이 내는 자연스러운 신호라는 것을 알려준다. 부모가 그 신호를 무시하지 않고 따뜻하게 받아줄 때, 아이의 밤은 다시 평화로워진다. 상담을 종료할 때쯤, 애니의 귀는 더 이상 커지지 않았다!

🌸 마음을 만져주는 따뜻한 햇살 같은 말

"걱정하지 마, 엄마 바로 옆 방에 있어. 부르면 언제든 달려올게."

"우리 서로 꿈에서 만나자~ 잘 자!"

"네가 자는 동안에도 엄마 마음은 너랑 함께 있어."

"이 인형은 엄마 마음이 들어 있는 '안심 인형'이야. 오늘 밤 네가 안아줘."

"이 손수건은 엄마 향기가 들어 있어. 네가 맡을 때마다 엄마 생각이 날 거야. 꼭 쥐고 자자."

"우리 이제 '잘 자 주문' 해볼까? '잘 자, 잘 자, 좋은 꿈나라로!' 하고 나서 자는 거야."

"오늘 있었던 좋은 일 하나 떠올리고 자보자. 엄마랑 같이 얘기해볼까?"

🌸 이런 말은 마음을 다치게 해요

"도대체 무슨 소리가 들린다는 거야??"

"귀가 커졌다는 게 말이 돼? 여섯 살이나 되는데 어떻게 그런 말을 하니?"

"또 엄마 옆에서 자겠다고? 너 이제 다 컸잖아."

"엄마 아빠 이제 싸우지도 않는데 왜 아직도 혼자 못 자?"

"평생 엄마랑 잘 거야?"

엄마가 죽었으면 좋겠어,
그러면 아빠랑 살 수 있을까

유진(가명, 6세)이는 매일 매일 아빠가 그리웠다. 다 같이 살던 시절에는, 매일 아빠와 게임을 하고 레고를 만들었고, 주말이면 함께 하이킹을 갔다. 그런데 언제부턴가 엄마와 아빠가 말을 하지 않기 시작했다. 아빠는 늘 휴대폰만 들여다보았고, 엄마는 밤마다 울었다. 그러다 엄마는 아빠가 다른 여자와 함께 있는 사진을 보고, 그날 밤으로 짐을 싸서 유진이를 데리고 외할머니 집으로 갔다. "유진아, 엄마는 이제 아빠랑 못 살아." 엄마는 단호했다.

그 후, 아빠는 늦둥이 유진이를 여전히 그리워했고, 주말마다 찾아와 데려갔다. "유진아, 아빠랑 사는 게 더 좋지?" 그렇게 묻는 아빠에게, 유진이는 고개를 끄덕이고 싶었다. 사실 아빠와 있을 때가 더 즐거웠기 때문이다. 엄마는 늘 지쳐 있었고, 종종 화를 냈다. 외할머니와 외할아버지는 아빠에 대한 불평을 자주 했다. "네 아빠는 정말 너무하다." 그런 말들이 쌓일수록 유진이는 불편했다. 마치 아빠를 더 이상 좋아하지 말라는 것처럼 느껴져서였다.

그러다 어느 날, 결국 이 말이 터져 나왔다. "엄마가 죽었으면 좋겠어." 어딘가에 숨어 있던 유진이의 마음이 튀어나온 순간이었다. 감당할 수 없는 아빠에 대한 그리움의 감정이 그렇게 뱉어진 것이었다. 그래야 자기가 너무도 좋아하는 아빠랑 살 수 있을 것 같아서였다.

순간, 엄마의 눈에는 눈물이 그렁그렁 맺혔고, 할머니는 화를 내며 "그런 말 어디서 배웠니?" 하고 꾸짖었다. 유진이는 베개에 얼굴을 파

묻었다. 진짜 하고 싶었던 말은 따로 있었다. "그냥 아빠와 살고 싶어. 아빠랑 더 있고 싶어." 그러나 여섯 살 유진이는 그것을 어떻게 표현해야 할지 몰랐다. 요즘 유진이는, 가뜩이나 힘들어하는 엄마에게 자기도 모르게 자주 화를 내고 소리를 지른다.

유진이는 부모의 갈등과 이혼의 후폭풍을 온몸으로 겪고 있었다. 안정적 애착 대상인 아빠를 일주일에 한번 밖에 보지 못하게 되면서, 그리움은 분리불안과 분노로 뒤섞였다. 감정을 다루기엔 너무 어린 나이였기에, 그 애절한 마음이 엄마를 향한 공격적인 말로 튀어나온 것이었다.

나는 유진이에게 언어 대신 시각적 도구를 사용해 감정을 표현하도록 도와주었다. 감정 카드, 색칠하기, 동물 그림 등을 통해 아이가 지금 느끼는 기분을 보여주게 했다. "오늘 유진이 기분은 어떤 색깔일까?" "화났을 때는 어떤 동물이 떠올라?" "유진이랑 있을 때 우리 가족(친구) 얼굴을 이모지로 그려볼까?" 아이는 그림과 놀이 속에서 마음을 드러냈고, 부모는 그림에 담긴 아이의 속마음을 비로소 읽을 수 있었다.

또한 유진이의 분노를 다루기 위해서는 '분노조절 메뉴(Anger Menu)'를 만들었다. 복식 호흡하기, 20까지 세기, 스트레스 볼 쥐기, 종이 찢기, 베개 껴안기, 인형 안기, 레고 놀이, 좋아하는 간식 먹기… 유진이는 스스로 선택한 방법들을 메뉴처럼 꾸며 벽에 붙였다. 화가 날 때마다 자신만의 분노 조절 메뉴를 보면서 감정을 다루는 법을 배웠다.

무엇보다 중요한 것은 부모가 아이 앞에서 상대방을 험담하지 않는 것이었다. 비난보다 필요한 것은 중립적이고 안전한 언어였다. 현실적으로 함께 살 수 없더라도 부모 둘 다 자신을 사랑한다는 확신을 심어주는 것이, 이혼으로 혼란스러워진 유진이에게는 절대적으로 필요한 일이었다.

    그렇게 유진이는 조금씩 달라졌다. 엄마를 향해 분노를 표현하는 대신, 감정을 다루는 방법을 조금씩 배워갔다. 부모도 아이의 말속에 숨은 눈물을 읽어내며, 더 따뜻하게 품어주려 애썼다. "엄마가 죽었으면 좋겠어"라는 충격적인 말 뒤에 숨어있던, "아빠랑 더 있고 싶어"라는 애절한 사랑의 마음을 알아주었을 때, 유진이는 다시금 건강한 방식으로 자신의 감정을 표현할 수 있게 되었다.

❥ 마음을 만져주는 따뜻한 햇살 같은 말

"그렇게 말할 정도로 마음이 많이 힘들었구나."

"그런 말 할 때 마음이 어때서 그러는 건지 말해줄 수 있어? 엄마(아빠)는 알고 싶어."

"말은 그렇게 해도, 엄마가 너한테 정말 소중하다는 걸 알고 있어."

"그 말 듣고 엄마도 놀라긴 했지만, 네 마음을 이해하려고 노력할게."

"지금 아빠가 너무 보고 싶고 아빠랑 더 있고 싶은 거지? 다시 아빠랑 같이 살고 싶은 마음이 드는 거 이해해"

"엄마가 널 사랑하는 만큼, 너도 아빠가 그리울 수 있어."

"아빠가 보고 싶으면 보고 싶다고 말해도 돼. 너의 모든 감정은 소중한 거야."

❥ 이런 말은 마음을 다치게 해요

"엄마가 죽었으면 좋겠다니, 어떻게 그런 무서운 말을 해?"

"엄마는 너 때문에 얼마나 힘든데 그런 말을 할 수가 있어!"

"그럼 아빠한테 가! 넌 엄마 필요 없잖아!"

"그건 나쁜 말이야. 두 번 다시 하지 마."

분리불안은 어떻게 알 수 있나요?(DSM-5): 이중 최소 3가지 이상이 6개월 이상, 소아/청소년은 최소 4주 이상 지속될 때

1. 애착 대상과의 이별 또는 예상되는 이별에 대해 지나치게 불안해함
2. 애착 대상이 나쁜 일을 당할까 봐 걱정함(예: 사고, 납치, 병 등)
3. 자신에게 나쁜 일이 생겨 애착 대상과 이별하게 될까 걱정함(예: 납치, 사고, 병 등)
4. 애착 대상과 떨어지는 상황을 거부하거나 매우 싫어함(예: 학교, 외출 등)
5. 애착 대상 없이 혼자 있는 것을 두려워함
6. 혼자 자려 하지 않거나, 애착 대상과 있을 때 잠을 자지 않으려 함
7. 이별과 관련된 반복적인 악몽
8. 애착 대상과 떨어질 때 신체화 증상이 나타남(예: 두통, 복통, 구역질 등).

헬멧을 벗은 날,
유니폼을 벗고 나를 꺼내다

연우(가명, 고1)는 어릴 때부터 특별했다. 공을 잡으면 누구보다 빨랐고, 상대를 뚫고 나가는 모습이 마치 영화의 한 장면 같았다. 미식축구는 그에게 놀이이자 열정이었다. 사람들은 연우를 주목하기 시작했다.

"연우는 축구에 남다른 것 같아."

"대학도 장학생으로 갈 수 있겠어."

"축구 선수로 미래가 보인다!"

부모님도 기대하기 시작했다. "이 아이는 장학생으로 대학에 갈 수 있을 거야." 연우의 길은 정해져 있는 듯 보였다. 그런데 어느 순간부터, 칭찬처럼 들렸던 그 말들이 연우에게 무거운 의무로 다가왔다.

연우는 초등학교 때부터 새벽 훈련을 했다. 방학도, 주말도 없었다. 처음에는 공이 좋아서 뛰었지만, 나중에는 "좋아서 한다." 보다는 "잘하니까 해야 한다"로 바뀌어갔다. 고등학생이 되자 그는 이미 학교 대표팀의 주전 선수였다. 그러나 몸이 커질수록 연우의 마음은 작아졌다. "안 돼, 내가 무너지면 다 끝날 거야." 그 무게가 연우의 하루하루를 짓눌렀다.

첫 공황발작(Panic Attack)은 연습 도중 갑자기 찾아왔다. 숨이 막히고, 심장이 터질 듯 뛰었다. 몸은 멀쩡한데, 마음은 도망가고 있었다. 라커룸에 주저앉은 연우를 보며 코치는 말했다. "남자면 버텨야지. 누구나 겪는 거야. 넌 강하잖아." 그러나 아무도 그의 마음이 어떤지는 묻지 않았다. 그는 그냥 '괜찮아 보여야' 했다. 약하다는 말은 할 수 없었다. 무엇보다 부모님의 실망이 두려웠다. '나 때문에 고생하시는 부모님을 실망시킬 순 없어.' 연우는 스스로를 다잡았다.

그러나 발작은 점점 잦아지고 더 심해졌다. 결국 큰 시합을 앞두고 라커룸에서 무너진 후, 연우는 더 이상 필드로 돌아갈 수 없었다. 사람들은 "아까운 재능"이라며 아쉬워했고, 부모님은 좌절했다. 강해야만 사랑받을 수 있다고 믿어왔던 그 믿음이 공황장애라는 이름으로 무너져 내렸다.

연우의 공황발작은 단순한 증상이 아니었다. 그것은 "더 이상 버틸 수 없다"는 그의 마음의 신호였다. 자신의 꿈이 아닌 부모와 주변의 기대를 대신 살아온 연우에게, 그 무게는 결국 몸의 언어로 터져 나왔다. 숨이 막히고, 죽을 것 같았던 순간은, 사실 "살려 달라"는 연우의 비명이었다.

부모의 주도하에 어려서부터 과도한 음악, 스포츠, 혹은 학업 과정을 따라오던 아이들이, 고등학생쯤 되면서 갑자기 힘들어져 모든 것을 놓아버리는 것을 나는 아주 많이 본다. 원래 공황장애는 성인에게 더 많이 나타나지만, 요즘은 이렇게 소아나 청소년들에게도 빈번히 발생한다. 공황발작은 그 자체도 힘들지만, 그 무서운 증세가 또 오는 것에 대한 두려움이 더 힘든 법이다. 연우도 마찬가지였다.

공황발작이 또 올까 봐 늘 두려워하는 연우에게 가장 먼저 이렇게 말했다. "아, 연우야, 다행히도 세상에 공황발작 때문에 죽은 사람은 단 한 명도 없단다." 공황발작의 격렬한 신체 반응은 10분쯤 지나면 최고조에 달하고, 대부분 20~30분이면 서서히 가라앉는다. 생명을 위협하지 않는다는 사실을 알게 되는 것만으로도 연우는 조금 안도할 수 있었다. 그리고 발작이 올 때 사용할 수 있는 방법들을 가르쳤다. 밖에 나가 신선한 공기 마시기, 옷 느슨하게 풀기, 심호흡하기, 물 마시기, 눈 감고 잠시 눕기. 단순하지만 실천할 수 있는 구체적 방법들이었다.

상담이 이어지면서, 연우는 깨닫기 시작했다. 공황장애는 자신을 무너뜨리러 온 적이 아니라, 오히려 부모님과 주변 사람들의 꿈속에 갇혀있던 자신을 구하려고 온 신호였다는 것을. "이제는 네가 원하는 삶을 살아도 괜찮다."라고 몸이 대신 말해준 것이었음을. 미식축구를 그만둔 것은 약함이 아니라, 연우가 진짜 자신을 지키기 위한 용기 있는 선택이었다!

공황장애는 평생 안고 가야 할 병이 아니다. 조기 상담과 치료를 통해 충분히 회복될 수 있다. 약과 상담 치료를 통해 연우의 공황발작 빈도와 강도는 점점 줄어들었고, 2년 후에는 완전히 공황장애에서 벗어났다. 더 이상 필드 위의 선수는 아니었지만, 그는 알게 되었다. 공이 없어도, 경기장 밖에서도, 자신은 여전히 의미 있는 존재라는 것을. 그렇게 연우는 새로운 길을 걸으며 컴퓨터 전공으로 대학에 진학했다.

💜 마음을 만져주는 따뜻한 햇살 같은 말

"지금 너무 무섭지. 네가 겪는 이 느낌은 공황발작이야. 진짜 위험한 건 아니야. 하지만 정말 무섭게 느껴질 수 있어."

"숨을 나랑 같이 천천히 쉬어보자. 이렇게 해보자. 들이마시고... 내쉬고... 좋아, 잘하고 있어."

"지금 네 감정이 너무 커서 몸이 놀란 반응을 하는 거야. 힘들지만 조금 있으면 지나갈 거야."

"정말 힘들었겠다. 잘 견뎌줘서 고마워."

"지금은 좀 진정돼있지만, 감정은 계속 남아 있을 수 있어. 괜찮아. 천천히 이야기해줘."

"너한테 그런 일이 일어날 때, 우리가 곁에 있을 거야. 절대 혼자가 아니야."

"네가 무슨 꿈을 추구하든 너는 여전히 엄마 아빠에게 소중한 아이야. 불안해하지 마."

"무슨 일이 생겨도 너는 항상 안전해. 우리가 네 편이니까."

💜 이런 말은 마음을 다치게 해요

"그만 좀 해! 왜 그렇게 유난스럽니? 정신 좀 차려!" (비난의 말)

"그냥 신경 쓰지 마. 아무 일도 안 생긴다니까?" (증상을 부인)

"그건 다 네 머릿속에서 만드는 거야." (지나친 합리화)

"딴 애들은 운동도 끝까지 다 잘하더구먼! 넌 왜 그러는지 모르겠다." (비교의 말)

공황장애는 어떻게 알 수 있나요?(DSM-5)

A. 공황발작(Panic Attack)의 반복적인 발생: 갑작스럽고 강렬한 두려움이나 불편감이 몇 분 안에 최고조에 이르며, 다음 중 4가지 이상의 증상이 동반될 때

　1. 심장이 두근거리거나 심박수 증가

　2. 땀이 남

　3. 떨리거나 몸이 흔들림

　4. 숨이 가쁘거나 답답한 느낌

　5. 질식할 것 같은 느낌

　6. 가슴 통증 또는 불편감

　7. 메스꺼움 또는 복부 불편감

　8. 어지러움, 실신할 것 같은 느낌

　9. 오한 또는 열감

　10. 이상한 감각(저림, 마비 등)

　11. 비현실감 또는 자기 자신과 분리된 느낌

　12. 통제력을 잃을 것 같거나 미칠 것 같은 느낌

　13. 죽을 것 같은 공포

B. 발작 이후 1개월, 혹은 그 이상의 기간에 아래 중 하나 이상이 발생할 때

　1. 또 다른 공황발작이 올까 봐, 그리고 그 결과로 의식을 잃거나,

심장마비가 오거나, "돌아버릴" 것에 대한 지속적 걱정.
2. 공황발작 또는 그 결과에 대한 걱정과 기피 행동(예: 외출 기피, 특정 장소 회피)

사라의 평화로운 거리두기

　　　　　　　　　　사라(가명, 고2)는 중학교 1학년 때부터 학교가 힘들었다. 친구들 앞에서 발표를 할 때나 선생님의 질문에 대답해야 할 때마다 심장이 쿵쿵 뛰고 손에 땀이 흘렀다. "사람들이 다 저만 쳐다보는 것 같아요. 목이 조여오는 기분이에요." 사라는 늘 그렇게 말했다.

　그러던 어느 날, 코로나19 팬데믹이 시작되면서 학교가 문을 닫았다. 사라는 오랜만에 편안히 숨을 쉬었다. 비대면 수업은 사라에게 구원 같았다. 화면을 끄고 듣기만 하면 되었고, 발표는 채팅창으로 대신할 수 있었다. 학교에 가지 않으니 카페테리아에서 점심 먹을 걱정, 쉬는 시간 대화, 체육 활동의 불안에서 벗어날 수 있었다. "아무도 나를 쳐다보지 않으니까 살 것 같아요." 사라는 집에서 과자를 먹으며 이어폰으로 수업을 듣고, 선생님 몰래 틱톡이나 유튜브도 보면서 행복한 하루하루를 보냈다.

　그러나 일상이 회복되면서 학교로 돌아가야 할 때, 두려움은 다시 찾아왔다. "아무도 나한테 신경 안 쓸 거야" 하고 스스로 다독였지만, 복도에 들어설 때마다 가슴이 쿵쾅거렸고, 체육복을 갈아입는 순간이

싫었고, 교실 문 앞에서는 늘 망설여졌다. 사라는 팬데믹이 끝난 것을 슬퍼하는 아이였다.

요즘 사라는 주말에도 집 밖으로 나가지 않는다. 교회 예배도 온라인으로만 드린다. 친구들이 만나자고 해도 늘 "몸이 안 좋아"라며 거절했다. 방 안에만 머물고 운동을 안하니 체중은 늘었고, 몸에 대한 자신감은 떨어졌다. "나처럼 생긴 애는 사람들이 다 싫어할 거예요." 사라는 자주 그렇게 중얼거렸다. 대학 기숙사 이야기가 나오면 더블룸 대신 싱글룸에 있게 해달라고 엄마에게 졸랐다. "모르는 애들이랑 같이 살다니, 숨이 막혀요." 엄마의 속은 까맣게 타들어 갔다.

팬데믹은 대부분의 아이들에게는 답답한 시기였지만, 사회불안장애(Social Anxiety Disorder)가 있는 사라 같은 아이들에게는 오히려 숨구멍이었다. 시선의 압박 없이 학습할 수 있었고, 화면 뒤에 숨을 수 있었기에 자존감을 유지할 수 있었다. 그러나 동시에 집에만 머무는 생활은 운동 부족과 잘못된 식습관으로 이어졌고, 체중 증가와 낮아진 자존감은 다시 불안을 키웠다. 사라에게 필요한 것은 "좀 나가서 움직여라!" 이런 잔소리가 아니라, "왜 그렇게 힘들어?"하고 이유를 묻고 마음을 살펴주는 엄마였다.

사회불안 장애는 노력만으로 극복되는 문제가 아니다. 인지 왜곡과 생리적 불안이 겹친 복합적 어려움이다. 나는 먼저 사라에게 "너만 그런 게 아니야. 너 같은 아이들이 많아."라는 말을 해주었다. 이는 '정상화(normalizing)'라고 불리는 과정이다. 자신만 이상하다고 느끼다가, 혼자가 아니라는 사실을 알기만 해도 불안과 수치심이 줄고 자기 수

용이 가능해진다. 사라는 그 말만으로도 눈물이 핑 돌 정도로 위로를 받았다.

이어서 본격적인 인지행동치료(CBT)로 사회적 상황에 대한 사라의 왜곡된 생각을 살펴보고 바로잡았다. 불안한 상황을 피하지 않고 조금씩 참여를 늘려가는 노출 훈련(Exposure Therapy), 또래들과 함께하는 사회기술 훈련(Social Skills Training)에서는 눈 마주치기, 인사하기, 대화 이어가기 등을 연습했다. 가슴 두근거림, 손 떨림, 얼굴 붉어짐 같은 생리적 증상들이 점차 줄어들었다. 그룹테라피에서는 비디오 피드백과 역할극을 통해 자기 표현에 대한 자신감을 키웠다.

무엇보다 중요한 것은 가족의 태도였다. 집에서 매일 하루 10분씩 판단하지 않고 '감정만' 나누는 시간을 만들었다. 사라는 가정의 안전한 분위기 속에서 마음을 털어놓을 수 있었다. 또 동네 산책하기, 사람 만나면 가볍게 인사하기 같은 작은 시도들을 통해 사회성 성공 경험을 하나씩 늘려갔다.

사라는 결국 집에서 통학 가능한 대학에 진학했다. 기숙사 생활은 아니었지만, 이제는 대면 수업에 참여할 수 있었다. 여전히 긴장은 남아 있지만, 사라는 이제 배웠다. "나도 할 수 있다. 나는 혼자가 아니다."

🌱 마음을 만져주는 따뜻한 햇살 같은 말

"팬데믹 때가 편했구나. 그럴 수도 있겠다."

"다시 학교 가야 했을 때 무서울 수 있지. 괜찮아, 천천히 적응하면 돼."

"너만 그런 게 아니야. 다른 아이들도 다 적응 중일 거야." "사람들 앞에서 말하는 게 무섭지, 맞아, 엄마도 어릴 땐 발표가 정말 무서웠어."

"긴장될 때 네 마음을 말해줘서 고마워. 긴장하는 건 자연스러운 일이야."

"넌 지금 충분히 잘하고 있어. 천천히 해도 돼. 용기 내서 해봤다는 게 정말 멋진 일이야."

"어떤 상황에서 제일 불안한지 같이 찾아보자."

"마음이 두근거릴 땐 어떻게 하면 좀 나아질까? 숨쉬기 연습해볼까?"

🌱 이런 말은 마음을 다치게 해요

"아니, 애가 왜 이렇게 의욕이 없니? 그렇게 쳐져 있으니까 더 우울해지는 거야."

"멀쩡해가지고 왜 사람들 앞에서 말을 못 하는데?"

"다른 애들은 잘만 하잖아. 왜 그렇게 용기가 없어?"

"겁쟁이처럼 굴지 마. 그 정도로 뭘 그래. 눈 딱 감고 해봐."

"좀 나가서 친구들 좀 만나! 평생 혼자 살 거야? 그렇게 사회가 무서워서 어떻게 살래?"

"네가 노력을 안 하니까 그런 거잖아."

사회불안 장애 증상은 어떻게 알 수 있나요?(DSM-5)

아래 증상이 최소 6개월 이상 지속될 때

1. 사람 또는 사회적 상황(예: 사회적 상호작용, 타인에게 관찰되는 상황, 다른 사람 앞에서 뭘 해야 하는 상황)에서, 타인의 평가에 노출되는 것에 대한 뚜렷한 두려움이나 불안

2. 자신이 불안을 드러내거나 부적절하게 행동하여 부정적으로 평가받을 것(창피, 당황, 거절, 타인에게 불쾌감을 줄 것)에 대한 두려움.

3. 거의 모든 사회적 상황이 두려움이나 불안을 유발해, 상황을 회피하거나, 강렬한 불안이나 두려움을 안고 견뎌냄.

4. 두려움이나 불안이 불균형적으로 과도하며, 중요한 기능 영역(학업, 직장 등)에서 고통이나 손상을 초래함.

5. 이런 장애가 다른 약물이나 의학적 상태의 생리적 효과로 인한 것이 아니고, 다른 정신질환(공황장애, 신체이형장애, 자폐스펙트럼장애 등)으로 더 잘 설명되는 경우가 아닐 때.

나도 사회불안 장애?: 해당하는 것에 표시해 보세요.

___ 사람들 앞에서 발표하거나 말하는 게 매우 두렵다.

___ 다른 사람들이 나를 어떻게 볼지 항상 걱정된다.

___ 내 목소리나 행동이 이상하게 보일까 봐 불안하다

___ 타인 앞에서 말할 때 얼굴이 붉어지거나 목소리가 떨린다.

___ 질문받을까 봐 수업이나 회의에서 시선을 피한다.

___ 전화 통화하는 것도 불편하고 긴장된다.

___ 낯선 사람과 대화하는 게 두렵다

___ 사람들과 어울리는 것보다 혼자 있는 게 편하다

___ 친구를 사귀고 싶은데, 어떻게 다가가야 할지 몰라 망설인다.

___ 나를 웃음거리로 만들까 봐 두렵다

___ 식당이나 공공장소에서 행동이 주목받을까 봐 긴장된다.

___ 사람 많은 장소나 모임은 피한다.

___ 수업 발표나 질문받을 일이 있으면 결석하거나 피하려 한다.

___ 시험보다 발표나 면접이 더 두렵다.

___ 불안 때문에 일상생활, 학업, 직장생활에 지장이 있다.

0~4개 체크: 큰 문제는 없어 보이나, 수줍음이나 일시적 긴장일 수 있음

5~8개 체크: 사회불안 경향이 있으므로, 생활에 영향을 주는 정도를 점검해볼 것

9개 이상 체크: 사회불안 장애 가능성이 높음. 전문가와의 상담을 추천

우리 아이가 자위를 해요,
손끝으로 달래는 여섯 살 속 마음

"선생님, 정말 창피해서 못 살겠어요."

"다른 일도 아니고 이런 일로 학교에 불려갈 줄 상상도 못 했어요."

은희(가명, 6세) 엄마는 상담실에 들어오자마자 분통을 터뜨렸다. 수업 시간에 은희가 옷 속에 손을 넣고 자위를 했다는 것이었다. 얼굴이 달아오를 정도였다 하니, 아이들이 얼마나 이상하게 보았겠냐며 엄마는 고개를 절레절레 흔들었다.

엄마가 나간 뒤, 은희는 잔뜩 불안한 눈빛으로 내 오피스를 둘러보았다. 나는 먼저 열심히 은희와 함께 전신 사이즈의 종이 인형을 만들었다. 그리고 여자 신체에서 예민한 부위가 어디인지, 그 부위를 소중하고 깨끗이 관리하는 것이 얼마나 중요한지, 다른 사람들 앞에서 만지거나 보여도 되는 신체 부위는 어디이고, 안되는 부위는 어디인지, 급 전직 선생님 모드로 자세하게 설명을 해주었다.

이후 나는, '흠, 은희가 이제는 학교에서 절대 그런 행동을 하는 일이 없겠지' 하며 아주 흡족한 마음으로 다음 시간을 기다렸다. 그런데 다음 세션에 온 엄마 말이, 아이가 상담을 오고 싶어 하지 않아 간신히 데리고 왔다는 것이었다. 헐, 이 친절한 썬킴 선생님한테 안오고 싶어 한다고?

그날 수퍼바이저와 은희 케이스에 대해 이야기를 나누었다. 당시 나는 상담 초기라, 수퍼바이저와 매주 미팅이 있었다. 경험 많은 내 슈퍼바이저는, 앞으로 은희를 만날 때 자위 이야기는 절대 하지 말라고 하였다. 앗, 그 때문에 상담을 오는 건데? 하지만 조언대로 은희의 정서만 파악하기 위해, 은희의 학교생활, 그리고 가정에 최근 혹시 어떤 변화가 있었는지 엄마와 이야기를 더 나누어보았다.

"은희가 학교 선생님을 아주 무서워해요. 중간에 선생님이 바뀌었는데, 새로 오신 선생님이 자기만 싫어한다는 말을 많이 했어요."

"혹시 가정에는 힘든 일이 없었나요?" 엄마 표정에 다시 화가 묻어났다.

"사실, 은희 아빠가 얼마 전 큰 수술을 받아 제가 많이 힘듭니다. 남편 돌보기도 힘든데, 아이까지 이런 일로 속을 썩이니 정말 미칠 지경이에요."

또 다른 내담자인 에릭(가명, 8세)도 비슷한 행동으로 상담실을 찾았다. 수업 시간마다 책상 밑으로 손을 넣고 자주 움직인다는 선생님의 보고였다. 부모님이 바빠 혼자 있는 시간이 많아진 에릭은 일찍이 스마트폰에 노출되었고, 그 안에서 접한 성적 영상이 뇌에 강렬한 자극으로 남았다. 감정을 조절할 줄 모르던 에릭에게, 자위가 불안을 달래고 긴장을 풀어주는 무의식적 방법이 되어버렸다.

어린 자녀가 뜻밖의 자위 행동을 보일 때 매우 당황스럽다. 혹시 잘못된 길로 크고 있는 건 아닐까 부모는 두렵다. 그러나 사실 아동기, 특히 3~6세는 자연스럽게 자신의 몸을 탐색하며 감각적 즐거움을 발견하는 시기다. 이때 필요한 것은 야단이나 수치심이 아니라, 아이의 행동을 불안 신호로 이해하는 것이다. 그동안 몰랐던 아이의 불안, 긴장, 스트레스, 외로움 등의 감정을 완화시켜줄 기회로 삼는 것이다.

나는 은희와 에릭에게 집 나무 사람 그림검사(H-T-P TEST)를 실시했다. 두 아이의 그림에는 불안과 긴장이 많이 묻어나 있었다. 결국 아이들의 이런 행동은 강박적인 의식이라기보다는, 불안을 완화하고 긴장을 해소하려는 자기 위안의 방식이었기에 범불안장애로 보아야 한다.

상담에서 나는 아이들이 자신을 돌보는 도구, 곧 웰니스 툴(Wellness Tools)을 찾도록 도왔다. 인형, 책, 스트레스 볼, 색칠하기, 점토나 슬라임 놀이, 비즈 팔찌 만들기 같은 활동 재료들을 "웰니스 툴박스"에 모아두고, 불안이 올라올 때마다 사용하면서 아이들은 차츰 안정감을 회복해 갔다.

부모에게도 요청했다. 아이의 사랑의 언어(Love Language)를 기억하며, 인정하는 말, 함께 하는 시간, 스킨십으로 사랑을 표현해 달라고. "오늘은 엄마가 네 미소를 보니까 참 기분이 좋아" 이런 따뜻한 말, "아빠랑 산책하자. 같이 퍼즐 맞출까?" 처럼 아이와 시간 보내기, "잘 자, 사랑해." 하며 안아주는 부모의 작은 말과 행동들이 아이의 불안을 잠재우는 힘이 되었다.

은희 엄마는 아무리 자신이 힘들어도 불안해하는 아이 앞에서 늘 밝은 얼굴을 보여주려 애썼다. 너무 힘들어 얼굴에 짜증이 나려고 할 때는, 방에 들어가 10분이라도 쉰 후 웃는 얼굴로 아이에게 나왔다. 에릭 부모는 스마트폰 유해 콘텐츠를 차단하고 사용 시간을 줄였다. 그리고 매일 책 읽어주기, 가볍게 안아주기, 음악 듣기 같은 저녁 루틴을 만들었다.

　매일 최소 세 가지 칭찬을 해주라는 나의 조언에, 부모님들은 열심히 칭찬거리를 찾았다. 특별히 칭찬할 일이 생각나지 않는 날은, 숙제를 혼자 해낸 것, 말 안 해도 혼자 이 닦은 것, 동생에게 친절하게 말한 것 같은 사소한 행동까지 찾아내어 칭찬을 해주었다.

　그 결과는 놀라웠다. 사랑받는다는 경험, 안전하다는 확신이 불안을 이겨내게 하면서, 상담에서 한마디 언급을 안했어도, 학교에서 보이던 아이들의 비밀스러운 스트레스 해소 루틴은 점차 사라졌다!

❤ 마음을 만져주는 따뜻한 햇살 같은 말

"혹시 요즘 마음이 좀 불안한 것 같아?"

"무언가 자꾸 하게 되는 행동이 있다면, 그건 네 마음이 '도와줘'라고 말하는 거일 수 있어."

"그럴 때 엄마 아빠에게 말해줘도 돼. 부끄러운 일 아니고, 너는 우리에게 소중하니까."

"요즘 몸이 가렵다거나 불편한 게 있었어?"

"몸은 소중한 것이거든? 어떤 행동은 밖에서는 하지 않아야 하는 게 있어."

"네가 잘못했다는 것이 아니야. 엄마 아빠는 네가 마음 편해지는 방법을 함께 찾고 싶어."

❤ 이런 말은 마음을 다치게 해요

"그런 짓 좀 제발 하지 마!"

"너 좀 이상한 거 아니야?"

"그거 하면 나쁜 아이 되는 거야."

"창피한 줄 알아야지."

"그 나이에 도대체 왜 그런 짓을 해?"

부모님께 드리는 말씀

아이의 불안은 단순한 징징거림이 아니라, 마음 깊은 곳의 도와달라는 신호입니다. 그 신호를 가장 먼저 듣고, 가장 깊이 이해할 수 있는 사람이 부모입니다. 서두르거나 다그치지 말고, 아이의 불안한 마음 곁에 조용히 머물러주세요. 그것이 치료의 시작입니다.

아이들은 말보다 몸이 먼저 반응합니다. 몸부터 풀어주세요. 아이의 숨이 얕아지거나 배가 아프고 자꾸 어깨에 힘이 들어가나요? 아이와 함께 천천히 숨을 들이마시고 내쉬기, 손 쥐었다 펴기, 온몸에 힘 줬다 빼기 같은 간단한 몸 놀이를 해주세요. 주변에서 초록색 세 개 찾기, 들리는 소리 두 개 찾기 등 '지금 여기'에 집중하게 하는 감각 놀이도, 걱정의 흐름을 멈추게 해줍니다.

완벽한 해결책을 주지 않아도, "네 마음을 알 것 같아"라고 말해주는 부모님의 한마디가 아이에겐 큰 힘이 됩니다. 아이의 마음은 느리게 자라고, 불안은 때로 그 자라는 과정의 일부입니다. 그때, 포기하지 않고 기다려주는 부모님의 사랑은, 불안을 넘어 결국 아이를 단단하게 만들어 줄 것입니다.

Chapter 2

말없이 무너지는 아이

우울 사례로 읽는 우리 아이 마음길

"우울은 어른에게만 찾아오는 것이 아니다. 어린 마음에도 분명히 우울은 스며든다. 학업이나 대인관계에 큰 영향을 미치는 주요우울장애(Major Depressive Disorder), 증상은 비교적 가볍지만 1년 이상 우울한 기분이 이어져 '늘 우울하고 무기력한 아이'처럼 보이는 기분부전장애 혹은 지속적 우울장애(Persistent Depressive Disorder), 해가 짧아지는 계절에 주로 나타나는 계절성 우울장애(SAD: Seasonal Affective Disorder), 그리고 가족의 죽음, 이사, 학교 문제 같은 일시적 충격으로 나타나는 상황적 우울(Adjustment Disorder with Depressed Mood) 등이 있다."

숫자가 말하는 진실,
아이들의 우울증 위기

2021년 기준, OECD 15개국 중 한국의 우울증 유병률은 36.8%로 가장 높았다. 미국의 23.5%, 일본의 17.3%와 비교해도 압도적으로 높은 수치다(PMC 제공). 특히 2018년부터 2022년 사이, 한국 6~11세 아동의 우울증 진료 인원은 1,849명에서 3,541명으로 91.5%나 증가했다는 보고가 있다(연합뉴스 제공).

마음껏 뛰어놀며 오감으로 행복과 안정을 경험해야 할 아동기에, 학업 등에 많은 시간을 보내면서 정서적으로 우울해지는 아이들 수의 증가는 한국 소아정신과 분야의 큰 걱정거리라고 들었다. 특히 자살은 세계적으로 십대들의 주요 사망 원인인데, 한국 청소년 자살률은 상위권에 속한다. 이러한 통계는 단순히 숫자가 아니라, 어린 영혼들이 겪고 있는 심리적 고통과 사회적 압박을 반영하고 있는 것으로 보인다.

우울은 어른에게만 찾아오는 것이 아니다. 어린 마음에도 분명히 우울은 스며든다. 단지 표현 방식이 다를 뿐이다. 우울한 아이들은 이유 없이 울거나 짜증을 내기도 하고, 씻는 것을 거부하거나 잠을 이루지 못하며, 무기력하게 하루를 보낸다. 청소년기의 아이들은 말대답이 심해지거나 화를 자주 내고, 등교를 거부하거나 성적이 떨어질 수도 있다. 그 모든 행동 뒤에는 사실 "나 좀 도와주세요"라는 조용한 신호가 숨어 있다.

이 장에서는 한 아이의 힘들었던 우울 사례를 함께 나누며, 부모가 어떤 눈길로 아이의 마음을 바라봐야 하는지, 그리고 어떻게 회복을 도울 수 있는지를 다루고자 한다. 아이의 어두운 감정에 햇빛이 다시 스며들 수 있도록, 부모가 해줄 수 있는 일은 결코 작지 않다. 부모의 관심과 따뜻한 반응이, 아이가 우울한 세상에서 걸어 나오도록 문을 열어줄 수 있다.

우울증에도 여러 형태가 있다. 학업이나 대인관계에 큰 영향을 미치는 주요우울장애(Major Depressive Disorder), 증상은 비교적 가볍지만 1년 이상 우울한 기분이 이어져 '늘 우울하고 무기력한 아이'처럼 보이는 기분부전장애 혹은 지속적 우울장애(Persistent Depressive Disorder), 해가 짧아지는 계절에 주로 나타나는 계절성 우울장애(SAD: Seasonal Affective Disorder), 그리고 가족의 죽음, 이사, 학교 문제 같은 일시적 충격으로 나타나는 상황적 우울(Adjustment Disorder with Depressed Mood) 등이 있다.

햇빛이 들지 않는 마음, 미아의 어두운 방 안에서

"엄마, 나 오늘도 학교 못 가겠어."

이불 속에서 들려오는 미아(가명, 12세)의 목소리는 너무 작아, 마치 사라질 듯 희미했다. 처음 엄마는 감기인 줄 알았다.

"나는 필요 없는 존재야."

"애들이 다 날 싫어해."

"그냥, 자고 나서 안 깼으면 좋겠어. 내가 없어지면 사람들이 편할 것 같아요."

이런 말을 할 때만 해도, 엄마는 사춘기라서 예민한 탓이겠거니 여겼다. 며칠 지나면 나아지겠지 했다. 그러나 사흘, 닷새, 2주가 지나도 미아는 학교에 가지 못했다. 식탁에도 나오지 않았고, 그토록 좋아하던 음악도 듣지 않았다. 친구들의 메시지는 이제 읽지도 않았다.

평소 밝고 명랑하던 미아는 어느 날부터 조금씩 달라졌다. 5학년 후반 무렵, 표정이 어두워지고 친구들과의 어울림이 줄어들었다. 6학년이 되면서부터는, 점심시간에 밥을 거의 먹지 않았고, 집에서도 배가 고프지 않다며 저녁을 거르기 일쑤였다. 그러다 엄마는 방 안에서 '살 빠지는 법', '다이어트 일기' 같은 검색 기록과 메모를 발견했다. 미아는 "내 얼굴이 너무 커 보여. 애들이 나를 뚱뚱하다고 생각할 거야."라고 말했다. 원래도 마른 편인 미아의 체중은 눈에 띄게 줄어들고 있었다.

그러던 어느 날, 미아의 팔목에서 작은 긁힌 자국이 보였다. 엄마가 놀라 묻자, 미아는 친구 집 고양이에게 긁힌 거라고 둘러댔다. 그러나 가방 속에서 커터칼이 발견되었을 때, 엄마는 더 이상 믿을 수 없었다. 온 집안의 칼과 가위를 감추며, 엄마의 가슴은 타들어 갔다. "대체 우리 아이에게 무슨 일이 일어난 걸까?"

결정적인 계기는 학교에서 걸려 온 전화였다. 미아가 SNS에 "나는 없어져야 할 사람 같아."라는 글을 올렸다는 것이다. 그것을 본 친구들이 신고했고, 학교는 곧바로 부모에게 알렸다. 미국 학교에서는 이런 경우 반드시 외부 기관과 연결해, 아이가 학교생활을 이어갈 수 있는 건강한 상태인지 심리치료사의 진단(SCHOOL CLEARANCE)을 받도록 한다. 그렇게 해서 나는 미아를 만나게 되었다.

미아의 우울은 단순하지 않았다. 어린 나이치고 매우 심각했다. 때로는 정신과적 증상(psychosis)까지 동반되었다. 조용히 누워 있을 때면, 목소리가 들렸다. "You don't deserve to live. 너는 살 자격이 없어. Why don't you just die? 왜 살아 있니? 그냥 죽어버려." 보이지 않는 누군가의 음성이 귓가를 파고들었다. 어떤 날은 눈앞에서 갑자기 형체 없는 물체가 번쩍 나타나기도 했다. 그것은 단순한 기분 저하가 아니었다. 주요우울장애였다.

주요우울장애(MDD)는 어떻게 알 수 있나요?(DSM-5)
이 중 반드시 1번이나 2번 포함, 5개 이상의 증상이 2주 이상 지속되고, 이로 인해 중요한 일상생활 영역의 기능 손상이 나타날 때

1. 대부분의 시간 우울하고 슬프거나 공허함
2. 이전에 즐겁던 활동에 흥미를 잃음
3. 식욕이나 체중 변화(증가 또는 감소)
4. 거의 매일 수면 문제(불면 또는 과다수면)
5. 눈에 띌 정도로 움직임의 증가나 감소
6. 피로, 에너지 상실
7. 무가치감이나 과도한 죄책감
8. 집중력 저하와 결정의 어려움
9. 죽음에 대한 생각: 자살 충동, 계획, 시도, 혹은 실행에 옮길 의사

지켜줄 수 있을까? 우울증,
태도가 아니라 병입니다

상담실에서 만난 미아는 매우 조용했다. 표정도, 말소리도 거의 없었다. 내 눈을 피하며 고개를 숙인 채, 두 번의 세션 동안은 단 한마디도 하지 않았다. 말을 하더라도 들릴 듯 말 듯 너무 작았다. 이상한 일이 아니었다. 우울을 겪는 아이들은 '할 말이 없어서'가 아니라, '말할 힘이 없어서' 침묵할 때가 많기 때문이다. 어릴 적부터 공부도 운동도 잘하고, 총명하고 배려심 깊었던 미아는 언제나 부모의 자랑이었다. 그러나 지금 그녀는 자신이 '아무 쓸모도 없는 사람'이라고 믿고 있었다.

부모는 자신들의 탓이라며 고개를 떨구었다. 아이에게 가장 많은 사

랑이 필요했던 초등학교 저학년 시절, 부모에게 큰 어려움이 닥쳤다. 그 일을 해결하느라 몇 해 동안 아이의 마음을 돌보지 못한 사이, 미아 안에 우울의 그림자가 깃들었다. 집안에 늘 무겁게 드리워진 엄마 아빠의 어두운 얼굴을 보며, 미아는 스스로를 부모의 짐이라 생각하기 시작했다. '내가 없다면 엄마 아빠가 더 행복할 텐데.' 어린 미아의 마음은 그렇게 자기 존재를 부담으로 여기게 되었다.

자존감은 땅에 떨어졌다. 내가 상담 시간에 흔히 하는 활동 중 하나는 '내가 잘하는 것, 나의 좋은 점 10가지 쓰기'다. 그러나 미아는 이 과제를 전혀 하지 못했다. 누구보다 그림도 잘 그리고, 음악에도 소질이 있고, 공부와 운동까지 다 잘하는 미아였지만, 단 하나의 장점도 적지 못했다. 내가 용기를 내라고 하나를 써주면, 미아는 고개를 저으며 지우개로 힘껏 지워버렸다.

당시 미아의 체질량지수(BMI)는 15였다. 정상 범위는 18.5~24.9. 미국에서는 15면 입원을 고려하고, 한국도 14 이하면 입원이 필요하다. 우울증뿐 아니라 섭식장애까지 겹친 상태였다. 나는 부모와 함께 소아 섭식장애 전문병원을 찾아, 미아가 필요할 경우 바로 입원 치료를 받을 수 있도록 준비해놓고 상담을 시작했다.

너무 어린 나이에 감당하기 어려운 증상들이 한꺼번에 찾아온 미아를 보며, 나는 매번 깊은 한숨이 나왔다. 우울, 자해 충동, 섭식장애까지 겹친 미아를 어떻게 지켜낼 수 있을까, 막막했다. 이제 상담을 막 시작한 내가, 정말 미아를 도와줄 수 있을지 걱정이 되었다.

"미아야, 너 안 좋아지면, 이제 막 시작한 선생님 망해!!"

내가 그때 늘 미아에게 농담처럼 하던 말이지만, 그 말속에는 사실 나의 간절한 바람이 담겨 있었다.

"제발 너를 지켜내고 싶다."

**미아가 웃다, 문제 해결의
네 가지 방법**

81세가 된 지금도 워싱턴대 심리학과 명예교수로 재직 중인 마샤 리네한(Marsha Linehan) 박사는, 올해 미국 자살예방재단으로부터 평생 공로상을 수상했다. 하지만 그녀의 청소년 시절은 험난했다. 10대에 정신 분열로 진단받아 26개월 동안 정신병원에 입원했고, 성인이 된 후에도 아주 오랜 기간을 자살 충동에 시달렸다.

그런 그녀의 삶이 바뀐 순간은, 작은 성당에서 기도하던 어느 날이었다. 무릎을 꿇고 십자가를 바라보던 순간, 성당 안이 금빛으로 변하며, 마치 누군가 자신을 향해 다가오는 듯한 체험을 했다. 방으로 도망친 그녀는, 처음으로 자기 자신에게 속삭였다.

"마샤, 사랑해."

자기를 향한 그 고백 이후, 그녀의 삶은 달라졌다. 낮에는 보험회사 직원으로 일하고, 밤에는 심리학을 공부하며, 마침내 세계적으로 널리 쓰이는 변증법적 행동치료(DBT)를 창시했다. 특히 자살 충동과 극심한 감정 기복으로 힘들어하는 사람들을 돕는 데 평생을 바쳤다.

리네한 박사는 인생의 어떤 문제든 네 가지 방법으로 대처할 수 있다고 말한다.

1. 문제 해결하기(Solve the problem). 가능한 문제라면 모든 방법을 동원해 해결한다.
2. 인식 바꾸기(Try to feel better about it). 문제는 바꿀 수 없어도, 그 문제에 대한 생각과 감정을 바꿔서 마음이 조금이라도 가벼워지게 한다.
3. 전적으로 수용하기(Radically accept it). 바꿀 수도, 좋게 해석할 수도 없는 문제라면, 문제인 그 현실을 그냥 인정한다.
4. 비참하게 지내기(Stay miserable). 어찌할 수 없다면, 그냥 힘들게 지내면서 버틴다. 시간이 지나며 상황이나 마음이 달라지기도 하기 때문에, 버티는 것도 결국은 하나의 방법이다.

나는 어느 날, 이 네 가지 해결법을 미아와 함께 나누었다.
"이 방법을 생각해낸 리네한 박사님도 틴에이져 시기에 병원에 2년 넘게 입원했을 정도로 힘들었지만, 지금은 세계적인 심리학 교수가 되었단다." 미아의 눈빛에 잠시 호기심이 스쳤다.
"리네한 박사님의 첫 번째 방법, 문제 해결하기는 어때?"
미아는 고개를 저었다. 약도 먹고 상담도 받지만, 우울은 여전히 무겁기만 하니 해결은 안 되는 것 같다고 했다.
"그럼 두 번째, 생각을 바꿔보는 건 어떨까? 지금 우울하긴 해도 시한부 병으로 학교에도 못 가는 상황보다는 낫잖아. 우울증은 언젠가는 치료될 수 있으니까."

나는 억지로라도 긍정적인 시선을 건네 보았다. 하지만 미아는 눈을 크게 뜨며 단호히 말했다. "Try to feel better? How can I?"

"그럼 세 번째, 그냥 인정해보는 건? 그래, 나 지금 우울증으로 고생하고 있어, 이 사실을 있는 그대로 받아들이는 거야." 하지만 열두 살 아이에게 자기 삶의 고통을 '쿨하게' 수용하기란 불가능한 일이었다.

나는 마지막 방법을 말했다. "하나가 더 있긴 해. 그냥 비참하게 지내기. Stay miserable." "Stay miserable?"

미아는 그제야 툭 하고 웃음을 터뜨렸다.

"비참하게 지내라고요? Can it be a solution?"

사실, 마지막 방법이 내 생각에도 좀 어이가 없긴 했다. 힘들게 지내는 것도 해결 방법이라니! 하지만, 어쩔 수 없는 힘든 상황과 싸우는 대신 그냥 하루하루 잘 버티다 보면, 상황과 감정이 개선되는 수가 많으니, 이것도 사실 해결 방법이라는 것이 리네한 박사의 주장이다.

나는 진지하게 대답했다. "우울하면 그냥 우울해해도 돼. 울고 싶으면 울어. 다행히 아주 조금 덜 우울한 날들도 있잖아. 그러다 보면, 지금처럼 바닥까지 내려갔던 우울이, 언젠가는 조금은 올라올 거야. 더 나빠지지만 않아도, 그건 좋아지고 있는 거니까."

위로 같지 않은 위로, 해결 같지 않은 해결이었지만, 그것은 사실 한 아이를 지켜내고 싶은 이 초보 심리치료사의 간절한 마음이었다. 미아가 웃었다는 사실 하나만으로도, 그날의 상담은 충분히 소중했다!

미아에게,

어느 심리치료사의 편지

미아야, 지금 너무 힘들지? 마음이 무너져 내리는 것 같고, 아무것도 하고 싶지 않은 순간이 많지? 선생님도 안타깝단다. 그런데 그렇게 괴로운 와중에도 한 번도 상담을 빠지지 않고 이 자리에 와주어서 정말 고맙다. 그 자체로 너는 이미 잘 버티고 있는 거야. 선생님이 알려주었던 문제 해결의 네 가지 방법, 지금 당장은 다 해내지 못해도 괜찮아. 우리 천천히, 하나씩만 시도해보자. 그리고 언제든지 기억해줘. 네가 얼마나 힘들든, 선생님은 항상 네 곁에 있다는 것을.

첫 번째 방법은 문제를 해결하는 것이었지. 우울이라는 거대한 파도 앞에서 해결이 당장 쉽지 않은 것처럼 보여도, 사실 너는 이미 그 길을 걷고 있단다. 약을 규칙적으로 먹고, 상담실에 매주 찾아오는 것 자체가 바로 '문제를 해결하려는 용기 있는 선택'이야.

문제 해결의 또 하나의 방법은, 마음이 힘들 때 자해 대신 다른 방법을 찾는 거야. 엄마에게 털어놓거나, 글로 쓰거나, 네가 좋아하는 그림으로 표현해도 돼. 밥을 먹기 두려운 마음도 잘 알아. 그래도 엄마가 정성껏 끓여준 따뜻한 죽을 몇 숟가락이라도 떠넣는 작은 선택, 그것이 바로 네가 문제를 해결하는 첫걸음이 될 수 있단다.

두 번째 방법은, 문제를 바라보는 생각을 바꾸어보는 것이야. 상황은 그대로일지라도, 문제를 다른 눈으로 바라보는 연습을 하는 거지. 네 문제를 절망적으로만 보지 말고, 우울증은 언젠가 반드시 회복될 수 있는 마음의 병임을 기억하자!

선생님은 네 앞날을 그려볼 수 있어서 참 고맙단다! 예쁜 대학생이 되어 웃는 모습, 재능을 마음껏 펼치는 커리어우먼의 모습이 눈앞에 선해. 무엇보다 네 곁에는 너를 사랑하고, 네 행복을 간절히 바라는 가족과 사람들이 있다는 사실을 꼭 잊지 말고!

세 번째 방법은 받아들이는 거야. 바꿀 수 없는 현실을 있는 그대로 인정하는 거지. "그래, 지금 나는 우울증을 겪고 있어." 하고 말이야. 네 잘못이 아니라는 사실을 꼭 기억해, 미아야. 받아들인다고 해서 바로 마음이 편해지는 건 아니지만, 받아들일 때 우리는 조금씩 힘을 얻게 되더라. 언젠가는 이 시간을 돌아보며, 웃으면서 이야기할 날이 반드시 올 거야.

마지막 방법, 네가 웃음을 터뜨렸던 네 번째 방법, 그냥 힘든 대로 지내기, Stay miserable. 얼핏 황당해 보이지만, 사실 우리 모두 삶에서 자주 경험하는 방식이란다. 너무 힘들어 아무것도 하기 싫을 때, 그냥 울고 싶을 때, 웅크리고 있고 싶을 때…. 그것도 괜찮아. 다만 너무 오래 머무르지만 말기! 중요한 건, 포기하지 않고 버티는 거지. 왜냐하면 삶은 우리를 영원히 어둠 속에 두지는 않기 때문이야. 시간이 흐르면, 힘든 날도 반드시 지나가더라!

그러니, 미아야. 힘들어도, 우리 조금만 더 버텨보자. 주저앉고 싶어도, 포기만 하지 말자. 무너지지 않는 너의 마음속 작은 힘이 결국 너를 일으켜 세울 거야. 선생님은 그것을 믿어! 우리 미아, 화이팅!

조용한 전쟁의 동반자,
무너짐 속에도 함께한 엄마

아이가 우울해졌다는 사실은 모든 부모에게 당혹감을 안겨준다. 처음에는 대개 단순히 '사춘기겠지', '마음이 여려서 그런 거겠지' 하며 가볍게 넘기고 싶어진다. 그러다 보니, "정신 좀 차려!", "마음먹기 나름이야." 같은 말들이 먼저 튀어나온다. 사실은 아이의 마음이 얼마나 힘들어졌는지 마주하는 것, 그리고 혹시 부모인 내가 잘못한 것이 있는지 들여다보는 일은 너무나 고통스럽기 때문이다. 그래서 우리는 흔히 아이의 학교생활, 성적, SNS, 친구 관계 같은 외부 요인 속에서 문제의 원인을 찾고 싶어 한다.

그러나 미아 엄마는 달랐다. 본인도 일생 최대로 힘들고 억울한 일을 겪는 중이었으면서도, 아무 변명도 하지 않았다. 그저 아이에게 진심으로 미안해하며 그 순간부터 '함께 싸우는 동반자'가 되기로 엄마는 결심했다. 제일 먼저 직장을 파트타임으로 바꾸어, 미아가 집에 돌아올 때 반드시 집에서 맞아줄 수 있도록 했다. 아이가 혼자가 되지 않도록, 미아 곁을 늘 지켜주었다.

엄마는 한 번도 빠짐 없이 미아를 상담에 데려왔고, 자신도 더 좋은 엄마가 되기 위해 따로 상담을 받았다. 내가 제안한 방법들은 단 하나도 흘려듣지 않고, 두 배 세 배 실천으로 옮겼다. 미아가 고양이를 원했을 때도, 고양이를 무서워하면서도 기꺼이 입양해주었다. 반려동물은 미아에게 놀라운 정서적 회복을 안겨주었다. 이렇게 미아가 서서히 회복해간 배경에는, 부모의 노력과 헌신이 절대적이었다.

어느 날, 미아가 머리를 빨갛게 염색하고 싶다고 했을때, 엄마는 진짜 고민에 빠졌다. 이미 상담받는 '유별난 아이'로 보일까 두려운데, 빨간 머리까지 하면 세상은 아이를 어떻게 볼까, 다른 부모들은 자신을 어떻게 생각할까 걱정되었다. 나는 "나쁜 일을 하겠다는 것도 아닌데, 자기표현을 해보고 싶어 하는 거니 허락해주면 좋겠다"라고 권했다. 결국 미아는 한동안 '빨강 머리 앤'이 되었고, 스스로 만족한 뒤, 즐겁게 다시 검은 머리로 돌아갔다.

엄마는 잠도 미아 방에서 함께 잤다. 혹시라도 밤에 자살 충동이 올까 봐서였다. 성적에 대한 기대는 다 내려놓았다고 생각했는데, 미아의 상태가 조금 나아지자 어느 날 무심코 "이제 다시 공부에 좀 집중해 줄 수 있을까?"라는 말이 튀어나왔다. 그 말은 곧 미아의 마음에 큰 짐이 되었다. 부모가 자신이 빨리 나아지기를 바란다고 느낀 순간, 여전히 우울한 자신이 더 초라하고 무가치하게 느껴졌던 것이다.

그 일을 계기로 엄마는 진정으로 미아의 학업에 대한 기대를 다 내려놓게 된다. 초등학교를 무사히 마치고 중학교에 들어간 것만도 감사했고, 중고등학교 '중퇴라도 괜찮다'라고 생각했다. 오직 바람은 하나, 미아가 '건강하게 살아있어 주는 것'이었기 때문이다.

그 무조건적인 지지 속에서, 미아는 서서히 힘을 되찾았다. 결국 전액 장학금으로 좋은 대학에 진학했고, 이제는 '중학교 중퇴'가 아니라, '대학 졸업'을 앞두고 있다.

마음속 그림자, 뇌 이야기

"요즘 애가 너무 늘어져 있어요. 정신력 부족 아닌가요?"
"전화기에만 빠져 있어서 그런 것 같아요. SNS가 문제라니까요."
"사춘기라서 이러는 거 아닐까요?"

많은 부모들이 흔히 이렇게 생각한다. 그러나 내가 만난 아이들의 우울은, 게으른 태도나 의지의 부족이 아니었다. 그것은 힘들다는 '신호'였고, 치료가 필요한 '증상'이었다. 몸이 아프면 열이 나듯, 마음이 병들면 아이들의 행동은 멈추거나 느려진다.

우울증은 단순한 마음의 나약함이 아니라, 뇌의 기능과 호르몬 균형이 흔들리면서 나타나는 병이다. 기분 안정과 수면, 식욕을 담당하는 세로토닌이 줄어들면 불안과 우울이 커지고, 각성과 집중력에 관련된 노르에피네프린이 부족하면 무기력과 집중력 저하가 나타난다. 즐거움과 동기를 만드는 도파민이 줄어들면 삶의 기쁨을 잃는다. 스트레스가 오래가면 해마는 위축되고, 전두엽의 활동은 떨어지며, 편도체는 지나치게 예민해진다. 이렇게 '뇌 속에서 일어나는 일들'이 우울감을 깊어지게 만든다.

그렇기에 아이들이 기쁨을 느끼는 힘, 에너지를 유지하는 힘, 스스로를 긍정하는 힘이 약해지는 것은 단순한 '노력 부족'이 아니다. 이미 마음 깊은 곳에서 "나는 왜 이럴까. 왜 이렇게 쓸모없는 걸까." 하며 자책하고 있는 아이에게 "힘내라", "정신 차려라.", "빨리 나아져야지"라는 말은 전혀 위로되지 않는다. 오히려 더 큰 죄책감과 외로움 속으로 아이를 밀어 넣는다.

아이가 감기에 걸렸을 때, 우리는 "왜 아프냐" "왜 빨리 낫지 않느냐"고 다그치지 않는다. 약을 먹이고, 따뜻한 음식을 해주며, 곁에서 간호한다. 우울증도 다르지 않다. 치료가 필요한 마음의 병일 뿐이다. 아이의 마음도 감기에 걸렸을 뿐이다. 아이의 회복을 위해 필요한 가장 강력한 약은 부모의 비난이 아니라 '이해와 지지'다.

부모에게 가장 힘든 순간은, 아무리 애를 써도 아이가 쉽게 좋아지지 않을 때 찾아온다. 그러나 그럴 때일수록 중요한 것은 '아이의 행동 변화를 성급히 기대하기보다, 아이의 존재 자체를 지지해주는 것'이다. "게으른 게 아니다. 에너지가 없는 것이다." "무심한 게 아니다. 감정이 마비된 것이다." 이렇게 이해하며 기다려주는 것이 부모의 사랑이다.

부모의 한마디 말, 한 번의 눈빛, 기다려주는 자세가, 우울 속에 갇힌 아이를 조금씩 밖으로 이끌어낸다. 상담실에서만 감정을 나누는 것이 아니라, 집이라는 아이의 우주에서 감정을 물어봐 주자. "괜찮니? 오늘 하루는 어땠니? 많이 힘들진 않았니?" 대답이 없어도 괜찮다. 감정을 말해도 되는 자리임을 느끼는 것만으로도 아이의 마음은 숨을 쉴 수 있게 된다. 매일같이 "내가 살아도 되는 이유가 있을까"를 찾아 헤매는 아이에게, 부모는 함께 그 이유를 찾아가는 든든한 동반자가 되어줄 수 있다.

❤️ 마음을 만져주는 따뜻한 햇살 같은 말

"네가 그렇게 느낀다니 마음이 아프구나. 혼자 참지 않아도 돼."

"이런 감정이 드는 건 절대 네 잘못이 아니야."

"말해줘서 고마워. 너의 진심을 들을 준비가 되어 있어."

"넌 없어져도 되는 사람이 아니야. 네가 여기 있어서, 엄마 아빠는 얼마나 고마운지 몰라."

"힘들겠지만, 우린 함께 이 길을 걸어가자. 혼자가 아니야."

"기운 없어 보이네. 무슨 일이 있었는지 들어줄게."

"지금은 네가 뭘 하지 않아도 괜찮아. 쉬어도 되는 시간이야."

"오늘 하루 버틴 것도 충분히 잘한 일이야. 수고 많았어!"

❤️ 이런 말은 마음을 다치게 해요

"그 나이에 무슨 그런 생각을 해!"

"그 정도 일로 그렇게 힘들어하면 세상 어떻게 살래!"

"너보다 더 힘든 애들이 얼마나 많은데!"

"기분 좀 좋게 가져. 생각을 바꿔봐."

"다 네가 정신력이 약하고 노력을 안 해서 그렇잖아."

"이러다 정말 정신병 되는 거 아니야?"

"왜 자꾸 너 스스로를 망치려고 해? 제발 좀 정상처럼 행동해라"

아이와 함께 걷는 길, 부모의 물음

Q 자해를 멈추게 할 수 있나요?

A 우울을 겪는 아이들 중에는 간혹 자해(self-harm, NSSI: Non-Suicidal Self-Injury) 행동을 보이는 경우가 있습니다. 자해는 자신을 의도적으로 해치는 행위이지만, 자살을 직접 목적으로 하지는 않는 경우가 많습니다. 아이들은 견디기 힘든 슬픔과 분노, 공허, 불안, 죄책감 같은 감정을 해소하거나, 자신이 여전히 '무언가를 느낄 수 있다'는 것을 확인 또는 표현하기 위해 자해를 선택하는 경우가 많습니다. 여름에도 긴 옷을 고집한다면 상처를 감추려는 것은 아닌지 부모가 주의 깊게 살펴보아야 합니다.

내가 만난 아이들의 자해 방식은 다양했습니다. 칼, 가위, 손톱, 펜으로 손바닥이나 팔, 허벅지에 상처를 내는 경우가 가장 많았습니다. 입술이나 손톱 주변 피부를 뜯거나 머리카락을 뽑는 경우도 있었습니다. 드물게는 라이터나 뜨거운 물로 화상을 입히거나, 과도한 활동으로 몸을 혹사시키는 형태도 있었습니다. 대부분 자살 의도는 없었지만, 자해가 장기화되면 정서 조절 능력이 약화되어 결국 자살 행동으로 이어질 수 있기 때문에, 반드시 상담과 치료가 필요한 심각한 신호입니다.

자해 충동이 올 때 대신 시도할 수 있는 방법들도 있습니다. 얼음을 손에 쥐거나, 차가운 물에 손 담그기, 종이 찢기, 찰흙이나 스트레스볼 주물럭거리기, 감정을 적는 '자해 일기' 쓰기, 안전한 사람에게 메시지를 보내거나 손잡기, 물 마시기, 밖에 나가 걷기, 심호흡하기 등이 도움이 됩니다. 실제로 불안할 때마다 손바닥을 손톱으로 세게 눌러야 했던 아이에게, 고무줄을 손목에 차고 있다 자해 충동이 올 때 가볍게 팅기도록 한 것이 큰 도움이 되었습니다. 머리카락을 뽑던 아이에게도 이 방법이 효과적이었습니다.

부모가 자녀의 자해 사실을 알게 되면 충격과 두려움이 가장 먼저 찾아옵니다. 그래서 "다신 그러지 마라." "그렇게 하면 안 된다." "왜 그런 걸 하니?"라는 말이 본능적으로 나옵니다. 하지만 자해는 단순한 '행동'이 아니라, 아이가 감정을 조절하기 위해 선택한 유일한 방법일 때가 많습니다. 즉, 아이는 다른 방법을 아직 모른다는 뜻입니다.

따라서 목표는 '당장 멈추게 하는 것'이 아닙니다. "그렇게 힘들었구나." 하고 감정을 읽어주면서, 자해 대신 감정을 표현할 수 있는 다른 방법들을 함께 시도해보는 것이 중요합니다. 그리고 무엇보다 빠르게 상담 전문가와 연결해주는 것이 필요합니다.

아이의 자해는 죽고 싶다는 뜻이 아니라, 살고 싶다는 외침입니다. 부모의 공감과 함께 다른 방법을 찾아가는 동행이, 아이를 지켜내는 힘이 됩니다.

💜 마음을 만져주는 따뜻한 햇살 같은 말

"너무 힘들었겠다. 말해줘서 고마워."

"네가 아프다는 걸 알게 돼서 마음이 아파. 하지만, 혼자가 아니라는 걸 기억해줘."

"무슨 일이 제일 힘든지 천천히 이야기해 보자."

"엄마 아빠가 마음을 힘들게 해서 미안해. 함께 이야기 나눠보자."

"네가 잘못해서 그런 게 아니야. 함께 이겨 내보자."

"지금 네 감정은 정말 중요해. 필요한 도움이 있다면 함께 찾아보자."

💜 이런 말은 마음을 다치게 해요

"도대체 왜 그런 짓을 해? 말도 안 되는 행동이야."

"너, 관심받으려고 그러는 거지?"

"지금 이게 얼마나 나쁜 행동인지 알아?"

"그걸 왜 또 해? 자꾸 그러면 정신병원 보낼 거야"

"이제 그런 짓 다시 하면 엄마가 정말 화낼 거야"

"그럼 너 하고 싶은 대로 해봐."

Q 섭식장애 신호들은 무엇이고 어떻게 도와줄 수 있을까요?

A 섭식장애(Eating Disorders)는 우울증과는 별도의 진단과 치료가 필요한 문제이지만, 아이들이 우울을 겪으면서 함께 나타나기 쉬운 증상 중 하나이기도 합니다. 우울증이 섭식장애를 촉발하기도 하고, 반대로 섭식장애가 우울증을 악화시키는 요인이 되기도 합니다.

섭식장애는 단순히 '음식'의 문제가 아닙니다. 감정, 자존감, 통제 욕구, 스트레스가 얽힌 복잡한 심리적 질환입니다. 신체 이미지와 자존감의 왜곡, 감정 조절의 어려움이 음식 섭취 방식에 영향을 미치며, 결국 지속적인 건강 문제로 이어지게 됩니다. 대표적인 섭식장애에는 거식증(Anorexia Nervosa), 폭식증(Bulimia Nervosa), 폭식 장애(Binge Eating Disorder)가 있습니다.

이러한 장애는 초기에 눈치채기 어렵지만, 몇 가지 신체적, 정서적, 행동적 신호를 통해 위험을 알아차릴 수 있습니다.

>**행동의 신호** 식사량을 극도로 제한하거나, 폭식 후 구토 등 보상 행동을 하는 것, "배가 안 고프다" "이미 먹었다"라는 변명으로 식사 자리를 회피하는 것, 칼로리와 지방 성분에 집착하는 것, 혼자 먹으려 하거나 남 앞에서 먹기를 꺼리는 것 등.
>
>**신체의 신호** 급격한 체중 변화, 극심한 피로와 무기력, 현기증, 잦은 기절, 손발 냉증, 창백하거나 푸르스름해지는 피부, 탈모, 손톱 약화, 위장 장애, 그리고 여자아이의 경우 생리 불규칙이나 무월경.
>
>**정서의 신호** 체중과 체형에 대한 왜곡된 인식, 하루 대부분을 음식과 체

중 생각으로 보내는 것, 식사 후의 강한 죄책감과 수치심, 우울과 불안, 사회적 위축, 완벽주의 성향, 심한 자기 비난 등.

특히 아이의 BMI가 14 이하이거나, 심박수가 40BPM 이하로 내려가면 입원 치료가 필요합니다. 신체적 치료와 함께 심리치료, 필요하다면 약물치료가 반드시 병행되어야 합니다. 섭식장애에 특화된 인지행동치료(CBT-E), 변증법적 행동치료(DBT)를 통한 감정 조절 훈련, 그리고 청소년에게는 가족치료(Family Therapy)가 큰 효과를 보입니다.

섭식장애 치료에서 부모의 역할은 선택이 아니라 필수입니다. 부모는 아이를 통제하는 사람이 아니라, 아이가 기댈 수 있는 '안전한 울타리'가 되어야 합니다. 섭식장애는 음식의 문제가 아니라 감정과 자존감의 문제이기 때문입니다. 아이는 불안과 무가치감, 그리고 스스로 통제할 수 없는 현실을 음식 조절이라는 방식으로 표현하고 있는 것입니다.

부모가 해줄 수 있는 가장 중요한 일은, 아이가 "나는 괜찮아질 수 있는 사람이야"라는 믿음을 회복하도록 돕는 것입니다. 체중이나 음식 섭취에 지나친 관심을 보이기보다는, 아이와 함께하는 안정적인 시간을 충분히 가지는 것이 필요합니다. "얼마나 먹었니?", "살이 빠졌네/쪘네"라는 말보다 "지금 모습 그대로 괜찮아, 너는 그 모습대로 소중해"라는 메시지를 자주 건네야 합니다. 외모 중심이 아닌 가치와 존재 중심의 눈길로 아이를 바라봐줄 때, 아이는 서서히 안정감을 되찾습니다.

　함께 식사하는 시간을 정서적 연결의 기회로 삼고, 감정 이야기를 중심으로 대화를 이어가는 것이 좋습니다. 그래도 섭식장애 패턴이 계속된다면, 반드시 전문 상담사와 연결해야 합니다.

💜 마음을 만져주는 따뜻한 햇살 같은 말

"넌 외모로 평가받는 존재가 아니야. 네가 느끼는 불안함이 뭔지 같이 들여다보자."

"몸이 아니라, 네 마음이 많이 아픈 것 같아. 그게 나쁜 것은 아니야."

"네가 음식을 무서워하거나 불안해하는 이유가 있다면, 그 마음을 알고 싶어."

"몸무게보다 너의 마음이 더 중요해."

"네가 힘들어하고 있다는 걸 알아. 우리 함께 방법을 찾아보자"

"먹는 게 두렵게 느껴질 수도 있어. 그 마음 인정할게."

"무슨 생각이 드는지, 네 마음을 천천히 이야기해줄 수 있을까?"

"네가 안전하고 건강하게 회복되도록 함께 노력하자."

"우리 같이 도와줄 전문가를 찾아보자."

💜 이런 말은 마음을 다치게 해요

"그렇게 말랐는데 왜 아직도 살을 빼려고 해?"

"그냥 좀 먹어라, 먹으면 되잖아!"

"네 몸이 이상하게 보이는 거 알긴 알아? 다이어트하다가 그 지경이 된 거잖아."

"왜 그렇게 예민하게 굴어?"

"다른 애들은 잘만 먹는데 왜 너만 그래?"

"그렇게 안 먹으면 죽어! 다 먹을 때까지 못 일어나!"

"그만 좀 먹어라. 또 먹고 후회할 거면서 왜 그렇게 많이 먹니?"

Q 초등학생인 우리 아이가 '죽고 싶다'라고 말했어요. 진짜 자살하려는 건가요?

A 아이로부터 "죽고 싶어." "나 없어졌으면 좋겠어."라는 말을 들으면 모든 부모가 크게 놀랍니다. 그리고 본능적으로 "무슨 그런 무서운 말을 해?" "너 겨우 초등학생이야. 어떻게 그런 생각을 해?" 같은 반응을 하게 됩니다. 하지만 아이들의 이런 말은 대부분 정말 죽고 싶다는 뜻이 아니라, "나 너무 괴로워요." "나 좀 봐주세요." "모든 게 너무 힘들어요."라는 감정의 표현입니다. 요즘 세상에서는 초등학생도 이런 말을 할 정도로 힘들어질 수 있습니다!

그 순간 가장 중요한 것은 부모의 반응입니다. 말 자체에 놀라지 말고, "그렇게 말할 만큼 힘들었구나."라고 반응하며, "그 말을 들으니 마음이 아프고 놀랐어. 그런데 말해줘서 고마워. 얼마나 힘들었을까. 엄마(아빠)는 언제나 네 편이야."라고 안전감을 주는 것이 필요합니다. 아이의 감정 표현을 있는 그대로 인정하면서, 단순한 기분 변화인지, 반복적이고 지속적인 생각인지는 전문가와 함께 판단하여 도움을 받는 것이 좋습니다.

아이들은 감정적으로 너무 지치고, 고립감이나 수치심이 극에 달했을 때, 더 이상 설명할 언어나 여유가 없으니 이런 강렬한 표현을 쓰게 됩니다. 우울감이 커지면, "내가 없어지면 가족이 더 편할 거야."라는 왜곡된 믿음에 사로잡히기도 합니다. 어떤 아이는 자존감이 너무 낮아져서, 자신이 살아갈 이유를 찾지 못한 채 어른들에게 "도와달라"는 외침을 던지는 것일 수 있습니다. 결국 "죽고 싶다"라는 말속에는 반드시 '도움 요청'이 담겨 있습니다. 따라서 말 자체보다 그 뒤에 숨어 있는 감정을 잘 들어주는 것이 가장 중요합니다.

아이가 단순히 죽고 싶다는 자살 사고(suicidal ideation)만 말하는 것과, 구체적 자살 방법(plan)이나 실제 실행 의도(intent)까지 가지고 있는 것은 심각성이 전혀 다릅니다. 10대들은 사실 "죽고 싶다"라는 말은 자주 하기도 합니다. 상담 현장에서는 자살 방법까지 생각해본 적이 있는지 묻습니다. 실제로 방법까지 생각한 아이들도 있긴 하지만, 실행 의사(intent)를 묻는 질문에는 "무섭고, 실제로 하지는 못할 것 같다."라고 답하는 경우가 많습니다.

그러나 우울감이 2주 이상 지속되고 무기력, 불면, 식욕 저하 등의 증상이 함께 이어진다면, "설마 우리 아이가"라는 마음으로 미루지 말고 지금이 도와줄 기회라는 것을 기억해야 합니다. 특히 학교생활이나 또래 관계에서 단절이 심해지고, 부모와의 대화도 거부한다면, 즉시 전문가의 도움을 받아야 합니다.

부모가 가장 먼저 해야 할 일은 아이의 안전을 확보하는 것입니다. 자해 가능성이 있거나 이미 경험이 있다면 날카로운 도구나 위험한 물품을 치워야 합니다. 자살 충동이 강한 아이는 절대 혼자 두지 말고, 특히 밤이나 감정이 불안정한 시간에는 반드시 곁을 지켜주는 것이 중요합니다.

또한 매일 아이의 감정을 확인하는 습관이 도움이 됩니다. "오늘 너의 마음속 날씨는 어땠을까?"처럼 가볍게 물어볼 수 있는 질문을 던져보세요. 대답하지 않아도 괜찮습니다. "감정을 말해도 된다"라는 환경을 주는 것만으로도 아이는 숨통을 틔울 수 있습니다. 말을 꺼내기 어려운 아이라면 감정 카드, 색칠하기, 그림일기 등으로 간접적인 표현을 도울 수도 있습니다. 조언보다 공감을, 가르침보다 함께함을 우선하는 태도가 필요합니다.

아이들은 완벽한 부모를 기대하지 않습니다. 다만 자신이 무너질 때 곁에 있어 주는 사람, 아무 말 없이 옆에 앉아 있어 주는 사람, 마음이 흔들릴 때 붙잡아 줄 단 한 사람이 필요합니다. "죽고 싶다"라는 말은 사실 절망의 끝이 아니라, 부모와 아이가 다시 연결될 수 있는 시작점입니다. 그 순간 부모가 건네는 따뜻한 말 한마디, 눈빛 하나, 포옹 한 번이 아이의 마음속에 살아갈 용기를 심어줍니다. 부모가 아이와 이 여정을 함께 걸어갈 수만 있다면, 아이는 다시 "살고 싶다"라는 마음을 회복할 수 있을 것입니다.

❤ 마음을 만져주는 따뜻한 햇살 같은 말

"그렇게 힘들어진 네 마음도 정말 소중하고 중요해."

"이렇게 이야기해줘서 정말 고마워. 넌 혼자가 아니야."

"괜찮아, 지금 느끼는 그대로 이야기해도 돼."

"살고 싶지 않다고 느낄 만큼 힘들었구나. 내가 곁에 있어 줄게."

"우리 함께 이 상황을 도와줄 수 있는 사람을 찾아보자."

"지금 네가 얼마나 힘든지 완전히 다 알 순 없지만, 이해하고 싶어."

"너는 소중한 사람이야. 네가 없는 세상은 상상할 수 없어."

❤ 이런 말은 마음을 다치게 해요

"어린 네가 그렇게까지 힘든 일이 뭐가 있어?"

"죽고 싶다는 말 그렇게 함부로 하는 거 아냐."

"정신 좀 차려. 그런 말 하면 사람들이 다 이상하게 생각해."

"다 네가 나약해서 그래."

"그 정도 일로 왜 그렇게 극단적으로 생각해?"

"진짜 죽으려는 게 아니잖아, 관심받으려는 거지?"

"지금 너보다 더 힘든 사람이 얼마나 많은데!"

부모님께 드리는 말씀

　아이의 우울은 나약함이 아니라, 마음이 보내는 조용한 신호입니다. 어른들보다 더 여리고 솔직한 그 마음은 때때로 세상의 속도와 무게를 감당하지 못해 주저앉습니다. 하지만 부모의 눈과 귀가 따뜻하게 열려 있다면, 그 신호는 결코 외면당하지 않을 것입니다. 아이는 이해받을 때 다시 일어설 힘을 얻습니다. 말보다 중요한 건 곁에 있어 주는 마음입니다. 아이의 어두운 시기를 함께 걸어주는 그 사랑이, 결국 아이를 다시 빛으로 끌어낼 줄 것입니다.

3
Chapter

아이 마음 속의 감옥

강박 사례로 읽는 우리 아이 마음길

"강박장애(OCD: Obsessive-Compulsive Disorder)는 전 인구의 약 2~3%가 일생에 한 번 이상 경험하는, 드물지 않은 정신건강 문제다. 강박의 대표적인 유형은, 확인 강박(Checking OCD), 청결 강박(Contamination or Cleaning OCD), 정렬 및 대칭 강박(Symmetry and Ordering OCD), 침투사고 강박(OCD with intrusive thoughts), 저장 강박(Hoarding OCD), 도덕 강박(Moral OCD), 그리고 건강 강박(Health/Illness OCD, Hypochondriasis)이다."

강박장애(OCD: Obsessive-Compulsive Disorder)는 전 인구의 약 2~3%가 일생에 한 번 이상 경험하는, 드물지 않은 정신건강 문제다. 뿌리가 불안에 있기 때문에 예전에는 불안장애에 속했지만, DSM-5에서는 강박 및 관련 장애(OCD and Related Disorders)라는 별도의 범주로 분류되고 있다.

강박은 크게 두 가지로 나타난다. 강박적인 생각(Obsessions)과 반복적인 행동(Compulsions)이다. 사실 누구나 크고 작은 강박적 성향은 가지고 있다. 예를 들어, 가스 불을 껐는지 두 번 확인하거나, 집을 나서면서 문을 몇 번 당겨보는 것처럼 말이다. 이 정도는 누구에게나 있을 수 있는 성향이어서 강박성 성격장애(OCPD)라는 이름으로 부르기도 한다. 하지만 그것이 일상생활을 심각하게 방해하고, 삶의 균형을 무너뜨린다면, 이는 분명히 치료가 필요한 강박장애이다.

원인으로는 뇌의 신경회로, 특히 전두엽과 기저핵의 기능 이상, 신경전달물질 세로토닌 불균형 같은 생물학적 요인과 유전적 요인이 있다. 또한 강한 불안, 완벽주의 같은 심리적 요인이나, 트라우마와 같은 환경적 요인도 영향을 준다. 그러나 때로는 특별한 이유 없이 나타나기도 한다.

도덕심이 높고 완벽을 추구하는 사람들이 강박장애에 더 취약하다고 알려져 있다. 그러니 강박으로 힘든 나같은 사람들은, "내가 너무 예민해서가 아니라, 그만큼 책임감 있고 도덕적인 사람이기 때문에 이런 어려움을 겪고 있구나." 이렇게 생각해보자! 아주 조금은 위로가 된다!

강박의 대표적인 유형은 주로 다음과 같다.

- 확인 강박(Checking OCD)
- 청결 강박(Contamination or Cleaning OCD)
- 정렬 및 대칭 강박(Symmetry and Ordering OCD)
- 침투사고 강박(OCD with intrusive thoughts)
- 저장 강박(Hoarding OCD)
- 도덕 강박(Moral OCD)
- 건강 강박(Health/Illness OCD, Hypochondriasis)

혹시 누군가 다쳤을까,
끝나지 않는 걱정의 고문

출발하고 나서 옆 거울로 방금 내린 사람을 계속 살핀다. 문이 잘 보이게 거울을 이리저리 움직이기도 한다. 그래도 안심이 안 되면 차를 세우고, 문을 열었다 다시 닫는다. 그런데도 여전히 불안하다면? 내려준 자리로 되돌아간다. 혹시 그 사람이 차에서 내리다 다친 채 길에 쓰러져 있지는 않은지 마음이 불안해서다. 가보면? 당연히 아무도 없다. 그래도 안심은 쉽지 않다. 마지막 방법은 문자다. "잘 들어갔지?" 문자가 돌아오면 그제야 숨이 조금 가라앉는다.

이 어이없어 보이는 모든 행동은, 혹시 내린 사람 옷자락이 차 문에 끼어 질질 끌려가고 있지 않을까 불안해서다. 말도 안 되는 걱정, 맞다! 그 사람, 분명히 내린 후 손까지 흔들어주었다! 그러나 비합리적임을 뻔히 알면서도 떨쳐낼 수 없는 이런 강박적 사고(obsession) 때문에, 마음이 편해지려고 위와 같은 강박적 행동(compulsion)을 반복하던 이 황당한 사람, 그게 바로 얼마 전까지 나였다!

나, 결코 이상한 사람 아니다! 그런데 왜 이런 말도 안 되는 생각과 행동을! 사실 이유가 있었다. 어느 날 교회 앞에서 엄마를 내려드린 줄 알고 출발했다가, 갑자기 신음 소리를 듣고 급히 차를 세운 적이 있다. 이 늘 급한 여자가, 엄마가 완전히 내리지 못한 상태에서 출발을 해버린 것이다. 엄마의 발끝이 바퀴 밑에 살짝 들어갔고, 다행히 속도가 느려 큰 사고는 아니었지만, 이후 "엄마, 나 고소하세요!" 이러고 다닐 정도로, 그 경험은 내게 커다란 트라우마가 되었다. 그 후, 누군가 문에 끼어있지 않을까 하는 두려움은 오랫동안 나를 괴롭힌 강박적 사고다.

나는 어떻게 이 병적 사고에서 벗어났을까. 처음에는 내린 사람이 완전히 걸어가는 모습을 확인하고 기억하는 습관을 들였다. 그러나 불안이라는 존재는 아주 끈질겨서, 내 기억이 틀렸을지 모른다는 의심을 다시 불러일으켰다. 결국 마지막으로 생각한 방법은, 내리는 사람의 뒷모습을 사진으로 찍는 것이었다. 자신들의 뒷모습을 찍는 나를 보며 사람들은 나의 각별한 애정에 감동했을 것이다! 그것이 나의 강박에서 벗어나기 위한 발버둥이었음은 알 리가 없었을 테니! 그렇게 하면서 나의 확인 강박은 마침내 조금씩 줄어들었다. 내가 좋아하지 않던 스마트폰이, 아이러니하게도 내 정신건강을 지켜준 순간이었다.

강박장애는 어떻게 알 수 있나요?(DSM-5 진단 기준)

강박 사고(Obsession): 자꾸 반복되는 침투적인 생각, 충동, 이미지가 원하지 않지만, 머릿속에 자꾸 떠오름. 그 생각을 없애기 위해 노력함(예: 기도, 다른 생각, 강박 행동 등으로 중화)

강박 행동(Compulsion): 불안감을 줄이기 위한 반복 행동이나 정신적 행동(예: 손 씻기, 확인하기, 반복 세기, 정렬하기, 특정 방식으로 말하기. 이 행동/생각이 하루 1시간 이상 지속되면서, 일상생활, 사회생활, 학업 등에 심한 방해가 됨.)

이러한 강박 및 강제 행동이 약물이나 다른 의학적 상태, 혹은 다른 정신질환(예: 범불안장애, 신체이형장애, 망상장애 등)에 의한 것은 아닐 때

마음속 작은 물음표,
확인하고 또 확인해요

현철이(가명, 고1)는 상담이 끝나도 떠나질 못한다. 테이블을 몇 번씩 손으로 훑는다. 그리고는 바닥을 살핀다. "다음 주에 보자"라는 인사도 한 다섯 번은 반복한다. 가다가도 다시 돌아와 혹시 두고 간 물건이 없는지 확인하기도 한다. "두고 간 게 있으면 전화할 테니 가도 된다"라고 해도 소용이 없다.

학교에서도 비슷한 문제가 생긴다. 교실을 옮길 때 앉았던 자리를 몇 번이고 살피고, 노트북과 핸드폰, 이어폰을 챙겼는지 확인하다 보면 다음 수업에 지각하기 일쑤다. 숙제도 마찬가지다. "혹시 내가 뭔가 잘못 썼으면 어쩌지? 선생님이 오해하면?" 하며 수십 번 고치다 마감 시간을 넘겨 점수를 깎인다.

상담 중에도 "나 오늘 제대로 말한 거 맞죠? 이상하게 안 들렸죠?" 같은 질문을 반복한다. "잘 이야기했어"라고 안심시켜도, 다시 묻고 또 묻는다. 잠시 마음이 가라앉을 뿐, 불안이 곧 되살아나기 때문이다.

현철이의 확인 강박(Checking OCD)은 중학교 때 시작되었다. 어느 날 비싼 이어폰을 잃어버려 엄마에게 크게 혼난 사건이 계기였다. 그때부터 물건을 잃어버리거나 실수하지 않기 위해, 지나치게 점검하는 습관이 생겼다. 답답한 엄마는 "그렇게 소심해서 이 세상 어떻게 살래?" "시간 내 제출 안 하면 점수 깎여, 정신 차려!"라고 닦달했지만, 그 말은 현철이를 더 불안하게 만들었다. 자신이 진짜 이상한 사람처럼 느껴졌기 때문이다.

사실 그의 반복 행동은 '안전'을 확보하려는 왜곡된 마음에서 비롯된 것이었다. 강박장애는 내가 무언가 실수하면 큰일이 생긴다는 과잉 책임감 때문에, 확인하지 않으면 불안이 치솟는다. 마음속에 작은 물음표 하나만 남아 있어도 견딜 수 없는 긴장이 밀려온다. 그래서 다시 돌아가 확인하고, 또 확인하는 것이다. 확인 행동이 불안을 완전히 없애주지는 못한다. 다만 잠시나마 안도감을 주기 때문에 반복하게 되는 것이다. 즉, 문제는 '행동' 그 자체가 아니라, 확인하지 않으면 견딜 수 없게 만드는 내면의 불안이다.

진짜 회복은 '확인하지 않아도 괜찮다'라는 경험을 통해 시작된다.

현철이의 확인일기

날짜	4/21	4/22
언제?(시간/상황)	수학 시간으로 이동하기 전	마지막 수업 끝나고 가방 챙길 때
무슨 생각이 들었나요? (강박 생각)	뭔가를 두고 가서 엄마한테 욕을 먹을 거 같은 생각	뭔가를 두고 가면 오늘은 다시 찾으러 오지 못할 거란 생각
어떤 느낌이 들었나요? (감정)	무서웠고 불안함	엄마에게 학교에 뭘 찾으러 가야 한다고 하면 화를 낼까 불안함
무엇을 했나요?(행동)	책상과 주변 교실 바닥을 여러 번 살핌	가장 늦게 나가기 창피해 가방 챙긴 후 딱 한 번 책상과 바닥 살핌
그 결과는 어땠나요? (불안 변화)	불안이 잠깐은 줄었지만, 다음 시간 끝나고 다시 올라옴	계속 불안했지만, 집에 가보니 두고 온 것 없었음
다음엔 어떻게 해볼까요?	두고 온 게 없었으니 다음엔 확인하는 행동을 참아보고 싶음	내일도 나를 믿어보고 싶음

'불확실함 속에서도 괜찮을 수 있고, 완벽하지 않아도 안전할 수 있다'는 것을 배우는 과정이 필요하다. 작은 실수도 '큰 실패'로 느끼고, 완벽하지 않으면 혼날 거라는 불안한 애착이 배경에 있던 현철이가 "확인 일기"를 써보도록 했다.

확인 일기는 언제 어떤 상황에서 확인하고 싶은 충동이 일어났는지 기록하고, 확인을 한 것이 실제로 불안을 줄였는지, 아니면 줄이지 못했는지를 함께 관찰하는 것이다. 이 과정을 통해 현철이는 자기 내면을 들여다보고, 확인하는 행동이 불안을 잠시 달래줄 뿐 완전히 해결해주지는 못한다는 사실을 점점 깨닫게 되었다.

❤ 마음을 만져주는 따뜻한 햇살 같은 말

"그렇게까지 불안해지는 거, 엄마도 들어보니 마음이 아프다."

"그걸 확인하지 않으면 어떤 생각이 들어?"

"너도 지치지? 이 불안, 너 혼자 감당할 필요 없어."

"확인하고 싶은 마음은 이해돼. 근데 조금씩 우리가 줄여볼 수 있을까? 같이 계획 세워보자."

❤ 이런 말은 마음을 다치게 해요

"그만 좀 해. 이상해 보여."

"다른 애들은 멀쩡하게 사는데 넌 왜 이러니?"

"그거 다 네가 머릿속에서 만든 문제잖아."

"그냥 확신을 가져. 뭐 그렇게 망설여?"

아직도 더러워요,
깨끗함에 갇힌 아이

지아(가명, 고2) 엄마는 걱정스러운 얼굴로 오피스를 찾았다. 내담자인 지아는 자신에게 아무 문제가 없는데 왜 상담을 가야 하냐고 하면서 거부해, 엄마만 첫 세션에 오게 된 것이다.

요즘 지아는 하루에도 수십 번 손을 씻고, 물건을 만지기 전에는 알

코올 물티슈로 소독을 반복했다. 손을 너무 씻다 보니 손등이 아토피처럼 갈라지고 벌게졌다. 지아는 자다가도 "잠옷이 더러워졌다"라며 몇 번이나 갈아입었다. 다른 식구가 만진 물건은 쓰지 않으려 하는 지아를 보며, 부모님은 처음엔 유난히 깔끔한 성격이라며 웃었다.

최근에는 샤워 시간도 점점 늘어났다. 한 번 샤워에 한 시간 반, 길면 두 시간이 걸렸고, 수건도 여러 장을 썼다. 화장실 문고리를 잡을 때조차 새 수건을 써야 했고, 한 번 쓴 수건은 바로 빨래통으로 들어갔다. 아침 샤워 시간이 길어 학교에 지각하기 일쑤였고, 학교에서는 화장실을 쓰기 싫어 하루 종일 참았다가 집에 와서야 사용했다.

이렇게 씻는 문제로 일상생활이 어려워지고, 공부까지 지장을 받자 부모님은 크게 걱정이 되었다. 엄마가 "그렇게까지 신경 쓰지 마, 아무 일도 안 생겨"라고 설득해도 지아는 오히려 더 불안해졌다. 결국 요즘은 부모와 대화도 피하며 방에 틀어박혀 있는 시간이 늘어났다.

지아의 모습은 전형적인 오염/청결 강박(Contamination/Cleaning OCD)이었다. 억지로 상담에 참여한 지아에게 나는 지금 지아의 생활과 공부를 힘들게 하는 것이 강박장애 증상임을 설명했다. 그리고 이 정도 힘든 증상은 상담만으로는 금방 나아지기 어렵기 때문에 약물치료를 병행하면 좋겠다고 권했다. 그러나 지아는 강경히 약물을 거부했다. 대신 매주 상담은 받겠다고 약속했다.

상담을 통해 지아는 왜 자신에게 갑자기 이런 증상이 나타났는지 돌아보기 시작했다. 지아는 대학입시에 가장 중요한 고2가 되면서, 학교 공부에 큰 스트레스를 받고 있었다. 특히 아빠는 지아에게 기대가 커서, 고등학교에 들어온 이후 많은 AP 과목과 Honors 수업을 듣도록 요구했다. 그러나 점점 감당하기 어려워지는 숙제와 시험 앞에서 지아는 무력감을 느꼈다. 공부를 도저히 해낼 수 없는 자신이, 무언가 할 수 있는 것은 손과 몸을 씻는 일뿐이었다. 그 씻는 행동을 반복하다 결국 청결 강박으로 굳어진 것이었다.

자신도 이유를 몰라 괴로워하던 지아는, 원인을 깨닫는 것만으로도 증상이 조금씩 완화되었다. 이후 노출 및 반응 예방 치료(ERP: Exposure and Response Prevention)를 통해 강박 행동을 점차 줄여갔다. 예를 들어, 자다 일어나 잠옷을 두 번 갈아입던 것을 한 번으로 줄이고, 샤워 후

지아의 확인일기

날짜	4/21	4/23
상황(언제, 어디서)	학교 가기 전 샤워할 때	집에서 저녁 먹기 전
불안한 생각(무엇이 더 럽다고 느꼈나요?)	자는 동안 몸에 세균이 묻었을 것 같음	식탁이 깨끗하지 않은 것 같음
느낌(기분은 어땠나요?)	찝찝하고 무서웠음	걱정되고 답답했음
한 행동(했나요? 참았나요?)	샤워를 1시간 반 동안 했음	식탁을 닦지 않고 참았음
결과(기분이 어떻게 달라졌나요?)	불안이 줄었지만, 학교에 늦었음	처음엔 배가 아파질까 불안했지만 조금 지나니 괜찮아짐
다음엔 이렇게 해볼래	내일은 1시간 동안만 씻어 보기	다음엔 학교 컴퓨터 커버를 물티슈로 닦지 않는데 도전하기!

세 장 쓰던 수건을 두 장으로 줄이고, 샤워 시간을 10분씩 줄이는 식이었다. 그렇게 해도 아무 일이 생기지 않는다는 경험을 반복하면서, 지아는 불안과 싸우는 힘을 키워갔다.

아빠와의 대화는 여전히 힘들었지만, 엄마와 그리고 마음을 열고 대화할 수 있었던 교회 선생님과 많은 시간을 보내면서 지아의 마음은 점차 안정을 되찾았다.

지아와도 오염/청결 강박에 대한 확인 일기를 함께 써보았다.

우리 아이, 강박장애일까요?

* 아래 문장 중 아이가 지난 몇 주 동안 자주 그렇다고 느낀 것에 체크해 보세요.

____ 손에 세균이 묻었을까 봐 계속 걱정해요

____ 나쁜 일이 생길까 봐 불안해서 특정 행동을 해야 안심해요

____ 무언가를 정확하게 맞춰야 직성이 풀려해요

____ 어떤 생각을 하면 그게 진짜 일어날까 봐 걱정해요

____ 불길한 숫자, 색깔, 단어를 무서워해요

____ 손을 너무 자주 씻어요.(씻어도 또 씻고 싶어 해요)

____ 문, 가스, 불을 여러 번 확인해요

____ 물건을 완벽하게 줄 세우고 맞춰야 해요

____ 같은 문장, 단어가 머릿속에서 계속 반복된대요

_____ 반복된 행동을 안 하면 나쁜 일이 생길 것 같대요

• 5개 이상 해당되면 전문가 상담이 권장됩니다.

❤️ 마음을 만져주는 따뜻한 햇살 같은 말

"그 행동을 안 하면 불안해지는 건, 너의 뇌가 그렇게 반응하는 거야."

"괜찮아. 네 잘못이 아니야. 누구나 불안을 느낄 수 있고, 단지 표현하는 방식이 다른 것뿐이야."

"엄마(아빠)는 네가 괴로운 걸 이해하고 도와주고 싶어."

"네가 이겨내려고 애쓰는 모습이 정말 대단하다고 생각해."

"그런 생각이 드니 얼마나 괴롭니?"

"너 혼자 감당하기 힘든 거면, 우리 같이 방법을 찾아보자."

❤️ 이런 말은 마음을 다치게 해요

"그냥 그런 생각 좀 하지 마. 더럽긴 뭐가 더러워"

"제발 그만 좀 씻어"

"그럴 시간에 공부나 해"

"그만 좀 해라. 짜증난다."

"이게 뭐가 힘들어. 네가 예민한 거지."

"다 너 잘되라고 하는 말이야."

"내가 고등학교 때는 더 힘들었어."

손끝으로라도 지키고 싶었던 것들, 내가 닦은 것은
물건이 아니라 불안이었다

　　　　　　　　　　　남편이 항암 치료를 시작한 날부터, 나는 세상이 무너지는 소리를 들었다. 어떤 것도 내 힘으로는 막을 수 없다는 사실이 너무나 선명했다. 남편 몸속에서 병이 퍼져가는 것을 나는 바라만 볼 수밖에 없었다.

　그러다 결국, 손이 먼저 움직이기 시작했다. 열 가지 채소와 과일을 닦고 또 닦아 매일 즙을 짜주기 시작했다.

　그러던 어느 날, 아무리 닦아도 더러운 것 같아, 채소와 과일을 한없이 닦고 또 닦는 나 자신을 발견했다. 혹시나 남아 있을지도 모를 먼지, 농약, 세균. 그 작은 것들이 남편의 약해진 몸을 해칠까 봐, 나는 멈출 수가 없었다. 한 번 씻고, 두 번 씻고, 다시 세 번, 물기가 옷자락을 적셨지만, 내 마음은 말라만 갔다. 아무리 씻어도 나의 불안은 지워지지 않았다. 아무리 깨끗해 보여도 안심이 되지 않았다.

　머리로는 안다, 이미 깨끗하게 씻겼다고. 하지만, 나는 싱크대 앞을 떠날 수 없었다. 손이 부르틀 정도로 닦아야 마음이 좀 놓였다. 무쇠처럼 강하던 남편의 무너지는 모습을 그저 지켜만 보아야 했던 나의 세상에서, 내가 할 수 있는 일은 그저 남편 입에 들어가는 먹거리들을 닦고 또 닦고, 확인하고 또 확인하는 것뿐이었다. 남편 몸속에서 벌어지는 전쟁을, 나는 닦는 것으로라도 함께 싸우고 싶었을 것이다. 그렇게 하면 조금이라도 그 싸움에서 이길 수 있을 것 같았기에, 당시 나의 청결 강박은 아무것도 할 수 없던 내가 몸으로 바치는 절박한 기도였을 것이다.

그러던 어느 날, 나는 깨닫게 되었다. 나는 깨끗하지 않을까 무서웠던 것이 아니라, 내가 아무것도 통제할 수 없다는 그 사실이 무서웠다는 것을. 그때 나는 채소 위에 묻은 먼지가 아니라, 내 마음에 가득 묻어있던 불안을 닦아내야 했던 것임을. 흐르는 물에도 씻을 수 없었던 것은 야채들이 아니라, 내 마음의 불안이었음을.

그리고 이제는 안다. 그때 그 두려움은, 손이 아니라 마음으로 건너야 하는 강이었음을. 나의 이 체험은, 강박에 시달리는 내담자들의 불안을 이해하는데 지금까지도 아주 큰 도움이 되고 있다!

해칠까 봐 두려운 마음, 사랑이 깊어
생긴 강박(harm OCD)

민수(가명, 중2)는 성적도 괜찮고 친구들과도 잘 어울리던 평범한 학생이었다. 그런데 어느 날부턴가 그의 눈빛이 흔들리기 시작했다. 가족도, 선생님도 처음에는 몰랐다. 그저 사춘기려니 하고 대수롭지 않게 여겼다. 하지만 민수는 그때, 보이지 않는 싸움 속에서 하루하루를 힘겹게 견디는 중이었다.

민수에게 가장 두려운 건 '내가 엄마를 해칠 것 같다'라는 생각이었다. 말도 안 되는 생각이었다. 엄마를 해치다니, 오히려 엄마는 민수가 세상에서 가장 사랑하는 사람인데! 그런데도 머릿속에서는 자꾸 끔찍한 장면이 떠올랐다. 엄마에게 칼을 휘두르는 자신의 모습, 사랑하는 강아지를 발로 차는 상상… 민수에게 그것은 공포 그 자체였다.

"왜 이런 생각이 들지? 나 진짜 나쁜 아인가? 미친 걸까?" 민수는 혼란스러웠다. 그런 생각이 떠오를 때마다 손에 땀이 나고, 숨이 막히는 것 같았다. 결국 민수가 생각해낸 방법은 엄마 손을 붙잡고 있는 것이었다. 그러면 손이 엉뚱한 짓을 저지르지 않을 테니까. 학교 끝나고 집에 오면, 민수는 가장 먼저 엄마를 찾아 손을 잡았다. 엄마가 잠시 손을 떼려고 하면, 민수는 불안에 떨며 다시 손을 잡았다. "그냥 같이 있자, 엄마. 손잡고 있자."

민수는 점점 더 엄마 곁을 떠나지 못했다. 강아지가 방에 들어오면 혹시라도 자기가 해칠까 봐 불안해서 도망쳤고, 주방에 있는 칼을 보면 눈을 질끈 감았다. 심지어 학교에서도 불안감에 휩싸여 쉬는 시간 종종 엄마에게 전화를 걸었다. 무슨 일이 없는지 확인하기 위해서였다.

상담을 통해 밝혀진 것은, 민수가 해를 끼칠까 봐 두려운 강박장애(Harm OCD)를 겪고 있다는 사실이었다. 민수에게 떠오른 이런 생각들은 실제로 누구를 해치고 싶다는 욕구와는 전혀 관계가 없었다. 오히려 반대였다. 엄마와 강아지를 너무도 사랑하고 아끼다 보니, 소중한 그들에게 혹시라도 자신이 해를 끼칠까 봐 두려운 마음이 커져, 원치 않는 사고가 반복적으로 떠오른 것이었다. 해칠까 두려운 마음 밑에는, 사실 누구보다 해치고 싶지 않은 깊은 사랑이 숨 쉬고 있었다.

강박장애의 진짜 회복은 이런 '생각을 없애려는 싸움을 멈추는데'서 시작된다. 원치 않는 생각을 없애려 할수록 그 생각은 오히려 더 강박적으로 떠오르기 때문이다. 그래서 이런 엉뚱한 생각과 싸우기보다는, 이것이 강박장애의 '증상'일 뿐이라는 것을 인정할 때, 마음은 조금씩 안정을 되찾는다.

지금 민수는 서서히 회복 중이다. 이제는 '생각'은 '행동'이 아니라는 것, 자신이 나쁜 짓을 하고 싶어 하는 사람이 아니라는 것을 배우고 있다. 요즘도 여전히 불안할 땐 가끔 엄마 손을 찾지만, 그 시간은 분명 점점 짧아지고 있다. 민수는 스스로의 마음을 들여다보는 법을, 그래서 강박 사고와 자신을 분리하는 법을, 매일 배워가는 중이다.

❥ 마음을 만져주는 따뜻한 햇살 같은 말

"그런 생각이 들어서 많이 불안했겠다. 괜찮아."

"그건 네가 그런 나쁜 사람이라는 뜻이 아니라 그 반대래."

"네가 원해서 떠오른 생각이 아니야. 강박장애의 증상이 그런 식으로 작동하는 거야."

"네가 엄마를 얼마나 사랑하는지 잘 알아. 이런 엉뚱한 생각이 드는 게 사실 그 증거거든."

"그런 생각이 드는 건 네 잘못이 아니야. 우리 같이 이겨낼 수 있어."

❥ 이런 말은 마음을 다치게 해요

"무슨 소리야! 그런 생각을 하면 안 되지!"

"그런 말 하지 마. 무섭잖아."

"넌 어떻게 그런 이상한 생각을 하니?"

"생각하지 마! 그냥 잊어버려!"

"제발 그런 생각 안 했다고 말해줘."

"그런 행동 안 할 거라고 약속해!"

설거지 하나에 걸린 가족의 운명,
"헐리"와 함께한 수연이 이야기

수연(가명, 18세)이는 이제 막 고등학교를 졸업한 차분한 여학생이었다. 바라던 아이비리그 대학 입학이 결정된 수연이는, 다른 친구들처럼 미래에 대한 기대와 걱정이 뒤섞인 여름을 보내고 있었다. 그러나 팬데믹으로 집에서 보내는 시간이 길어지면서, 아무도 모르는 싸움이 수연이의 마음속에서 시작되고 있었다. 그것은 다름 아닌, 내가 무언가 제대로 하지 않으면 가족이 모두 지옥에 가지 않을까 하는 말도 안 되는 두려움이었다.

저녁 식사 후 설거지는 수연이의 담당이었다. 그런데 어느 날부터, 접시에 하나라도 얼룩을 남기면 엄마가 병에 걸릴 것 같았고, 물기를 대충 닦으면 아빠가 교통사고를 당할 것만 같았다. 심지어 '이 설거지를 제대로 하지 않으면 가족이 반드시 지옥에 갈 것이다'라는 생각이 머릿속을 떠나지 않았다. 드라마를 보다가도 대사를 놓치면 처음부터 다시 보아야 했다. 그렇지 않으면 무슨 끔찍한 일이 벌어질 것 같았다.

수연이는 매일같이 설거지를 두세 번 반복했다. 손이 헐 정도로 세제를 만져도 불안은 사라지지 않았다. 머리로는 비논리적인 생각임을 알았다. 그러나 가슴은 달랐다. '혹시라도'라는 불안은 그녀를 놓아주지 않았다. 결국 수연이는 부모님께 눈물을 흘리며 털어놓았다. "엄마, 나 설거지를 제대로 못 하면 우리 가족이 다 벌을 받아서 지옥 갈까 봐 너무 무서워…"

이것은 침투사고 강박장애(OCD with intrusive thoughts)의 일종인 마

법적 사고 강박(Magical Thinking OCD)였다. '내가 특정 행동을 하지 않으면, 전혀 상관없는 끔찍한 일이 생긴다'라고 믿게 되는 강박적 사고 패턴이다. 예를 들어 수연이처럼 설거지를 완벽하게 하지 않으면 가족이 지옥에 간다고 믿거나, "이 단어를 세 번 말하지 않으면 가족이 다칠 거야"라는 식의 두려움이다. 세상은 본래 불확실한 곳인데, 수연이는 아직 그 '불확실함을 견디는 법'을 배우기 전에, '생각이 현실을 불러온다'라는 믿음을 품게 된 것이다.

사실 그 배경에는 팬데믹의 그림자가 있었다. 2020년부터 약 2년간 이어진 팬데믹 기간은, 많은 아이들이 이렇게 원치 않는 침투사고(intrusive thoughts)로 고생했던 시기였다. 갑작스러운 사회적 고립과 불확실한 세상은, 어른들에게도 힘겨웠지만, 아이들 마음에는 더 큰 충격을 주었다. 이 원치 않는 엉뚱한 생각들은 실제와는 아무 관련이 없지만, 아이들은 그것을 진짜 마음처럼 받아들여 괴로워한다.

매일 뉴스에서 들려오는 '코비드'라는 두려운 존재, 아무것도 통제할 수 없었던 불안한 현실 속에서, 수연이는 최소한 자신이 손으로 잡을 수 있는 것을 통제하고 싶었다. 그래서 설거지라는 작은 행동을 통해 가족을 지켜내려 했던 것이다. 그 절박한 몸부림이, 그녀의 강박증으로 나타난 것이었다.

나를 만난 수연이의 첫 질문은 "저, 미쳐가는 거 아닐까요?"였다. 나는 수연이에게 강박장애와 마법적 사고에 대해 설명해주었다. 그리고 이런 생각은 수연이가 만든 것이 아니라, 증상일 뿐이라는 사실을 거듭 알려주었다. 수연이는 내 말을 곧 이해했다. 그리고 어이없는 생각이 떠오를 때마다, "아, 이건 사실이 아니고 내 생각도 아니고, 그저 강박의 증상일 뿐이다"라며 그것을 자신과 분리하기 시작했다.

우리는 그 강박적 사고에 별명을 붙이기로 했다. "헐, 말도 안 되는 생각!"이라는 뜻에서, 그 이름은 바로 "헐리"였다. 그래서 수연이는 불안한 생각이 떠오를 때마다 "아이고, 헐리가 또 왔네"라고 말하며, 자신의 마음과 강박 증상을 구분했다. 그렇게 하면서, 수연이의 마법적 사고 강박은 놀랍도록 빠르게 줄어들었다.

나는 이런 사람이 아닐 텐데, 순수한 마음을
흔드는 낯선 그림자

평범한 남학생 제이(가명, 16세)는 어느 날 수업 중 옆에 앉은 친구를 보다가 '나 혹시 쟤를 좋아하나?'라는 뜬금없는 생각이 스쳐 지나갔다. 문제는 그 후부터였다. 그 생각이 머리에서 떠나지 않았고, 심지어 드라마나 영화 속 남자 인물에게도 자신이 성적으로 끌리는 듯한 느낌이 드는 것 같았다.

"내가 동성애자인가?"

"내가 그걸 숨기고 있었던 걸까?"

제이는 일상생활 전체가 흔들릴 만큼 불안과 혼란을 느꼈다. 그는 밤마다 인터넷을 뒤져 성정체성, 성 소수자 관련 글을 읽었고, 크리스천인 자신이 그런 생각을 하면 안 되다는 생각에 기도도 하고, 불안을 씻어내려는 듯 손도 자주 씻었다. 하지만 그 어떤 노력도 효과가 없었다.

그러던 어느 날, 어린 조카와 놀다가 또 다른 충격적인 생각이 스쳐 지나갔다. "혹시 내가 애한테 이상한 짓을 하면 어떡하지?"

그 순간 제이는 고개를 세차게 저었지만, 이미 불안은 마음에 자리를 잡아버렸다.

그날 이후 그는 조카와의 만남을 피했고, 아이들이 나오는 유튜브 영상도 보지 않았다. 길에서 아이들을 마주치면 고개를 돌렸고, 혹시라도 자신이 아이들에게 나쁜 죄를 짓게 될까 봐 두려움에 떨었다. 방 안에 틀어박혀 울거나 손을 씻고, 기도를 반복하는 날이 점점 많아졌다.

제이는 이 끔찍한 생각이 떠오르는 것 자체가 자신이 그런 사람이라는 증거라고 믿었다.

"나 정말 이상한 사람인 걸까? 들키면 안 되는데…"

그럴수록 죄책감과 수치심은 더 커졌고, 말도 줄고, 식욕도 잃고, 친구들과의 연락도 끊게 되었다. 결국에는 "나는 동성애자이면서 동시에 소아성애자 같다"라는 말까지 하게 되었다.

실제 동성애자나 트랜스젠더들의 경우, '이것이 나다'라는 자기 이해에서 비롯된 것이기 때문에, 시간이 지나도 이 감정이 꾸준히 지속된다. 본인이 어떤 성별에 끌리는지, 어떤 성별로 살아가고 싶은지에 대한 내적 일치감(ego-syntonic)도 있다. 그렇기 때문에 혼란스럽고 사회적 두려움은 있을 수 있지만, 본질적으로 내 삶을 설명해주는 정체성의 일부로 받아들인다.

이와 달리 제이는 성적 침투사고(Sexual intrusive thoughts)라는 강박 증상으로 고생하는 중이었고, 불안에서 비롯된 이 원치 않는 손님을 없애고 싶어 했다. DSM-5에서는 침투사고를 "의도와는 반대로 원치 않게 떠오르는 폭력적, 성적, 종교적 이미지나 생각"으로 설명한다. 자기 의지로 통제할 수 없고, 그로 인해 심한 죄책감, 도덕적 불안, 자기혐오를 경험하게 된다.

하필 이 시기도 팬데믹 기간이었다. 제이는 실제 누구보다 바르고 책임감 있는 아이였지만, "혹시 내가 동성애자인가?" "혹시 내가 소아성애자인가?"라는 원치 않는 생각이 반복되면서 불안이 커졌다. 강박 심리의 특성대로, 떠오른 생각을 의미 있게 받아들이는 순간, 불안은 눈덩이처럼 불어났다. 그리고 오히려 "절대 그러고 싶지 않다"라는 강한 마음 때문에, 그 반대되는 생각들이 더 집요하게 따라붙은 것이었다.

나는 제이가 죄책감 없이 자신의 마음을 털어놓을 수 있도록 조심스럽게 관계를 열었다.

"그런 생각이 들었다고 네가 그런 사람인 건 아니야."

"네가 괴로워하는 자체가, 네가 그런 사람이 되고 싶지 않다는 증거야."

"그러고 싶지 않은 것이 네 진짜 마음이야."

그 순간 제이는 참 오랜만에 작은 안도의 숨을 내쉴 수 있었다. 자신에게 든 원치 않는 생각이 강박장애 증상이지, 자신이 그런 사람이 아니라는 사실을 알게 된 것만으로도 마음이 한결 가벼워졌다.

침투사고는 생각 자체보다, 그것을 "내 것"이라고 믿고 의미를 부여하는 과정에서 불안이 커진다. 따라서 상담의 목표는 그 생각과 '싸우거나 없애려 하기보다', 생각과 거리를 두고 '흘려보내도록' 돕는 것이다. 이를 위해 노출 및 반응 방지 치료(ERP)나 필요한 경우 SSRI 계열 약물치료가 병행되기도 한다.

무엇보다 중요한 것은, 아이가 자신을 "왜곡된 생각이 아닌, 있는 그대로의 나"로 다시 바라보도록 돕는 것이다. 침투사고가 보여주는 것은 아이의 본 모습이 아니다. 오히려 반대이다. 너무도 선하고 책임감 있는 마음이 두려움과 맞서 싸우다 만들어낸 그림자일 뿐이다.

그 왜곡된 거울 앞에서 아이가 자신을 잃지 않도록, 부모와 상담자가 따뜻한 시선과 안전한 관계로 함께할 때, 아이는 다시 제 모습을 회복하게 된다.

◥ 마음을 만져주는 따뜻한 햇살 같은 말

"그런 생각이 떠올랐다고 네가 그런 사람이라는 뜻은 아니야."(생각과 사람 자체를 분리시켜주는 말)

"네가 그 생각 때문에 불안하고 괴롭다는 건, 네 마음이 건강하다는 증거야."

"그런 생각이 들었다고 해서 나쁜 아이가 아니야. 오히려 너는 이런 생각에 괴로워할 정도로 바르고 예민한 아이야."(아이가 느끼는 부끄러움과 수치심을 덜어줌)

"누구에게나 이상한 생각이 떠오를 수 있어."

"이건 네가 원해서 생각한 게 아니라, 불안이 만든 생각일 뿐이야."

"그 생각을 없애려고 애쓰지 않아도 괜찮아. 그냥 흘려보내면 돼."

"어떤 생각이 들든, 너는 여전히 사랑받는 존재야."

◥ 이런 말은 마음을 다치게 해요

"도대체 왜 그런 비정상적인 생각을 하는 건데?"

"요즘 뭘 보길래 그런 생각이 든 거야?"

"네가 요즘 뭘 잘못한 게 있는지 한번 생각해봐."

"그런 생각 당장 버려야지! 그냥 생각하지 마!"

"진짜 그런 거 아니지? 진심 아니지?"(확인 요구는 강박 사고 더 악화)

"그런 생각 들어도 말하지 말고 그냥 참아봐."

마음속 재판정, 끊임없는 자책

하나(가명, 중1)는 늘 착한 사람이 되고 싶었다. 아니, 착한 사람이어야만 했다. 친구에게 예의 바르게 말했는지, 선생님께 무례하게 굴지는 않았는지, 심지어 마음속으로 누군가를 비웃거나 판단하지는 않았는지까지, 하나는 스스로를 끊임없이 검열했다. 하루에도 몇 번씩, "내가 방금 했던 말이 누군가를 다치게 했을까?" "내 웃는 얼굴이 혹시 비난처럼 보이지는 않았을까?" 하는 생각들이 밀려오면, 하나의 마음은 금세 죄책감으로 무겁게 가라앉았다.

요즘 하나는 도덕적으로 완벽해야 한다는 강박적인 사고에 사로잡혀 있었다. 친구에게 잠깐 화를 냈던 일이 계속 마음에 걸렸다. 자신이 나쁜 사람이라고 믿기 시작했다. 그날 밤부터 반복적으로 "나는 나쁜 사람이 아닙니다"라는 문장을 수십 번 되뇌었고, 친구에게 사과 문자를 몇 번이고 보냈다. 그래야 마음이 진정되었다. 심지어 오래전에 했던 사소한 실수조차 떠올리며 괴로워했다.

부모님도 지쳐갔다. 방에 있던 하나가 하루에도 몇 번씩 찾아와 고백을 해야 했기 때문이다.

"아빠, 나 친구가 미운 생각이 들었어요."

"선생님께 화가 나는 마음이 있어요."

"엄마, 또 어떤 남자아이 생각이 났어요. 그러면 안 되는데…" 옳지 않은 생각이 스치기만 해도, 그 순간의 불안을 덜기 위해 하나는 부모에게 털어놓아야 했다. 그래야 겨우 안도감을 느낄 수 있었기 때문이다.

이것이 바로 강박장애의 침투사고 중 하나인 도덕적 강박(Moral OCD)이다. 자신의 도덕성, 정직함, 윤리적 기준에 대한 과도한 집착으로 나타나는 증상이다. 하나의 경우는 단순히 양심이 예민했던 것이 아니었다. 학교도 못 가던 팬데믹 기간 세상에 가득했던 두려움이, 하나에게는 "내가 혹시 잘못된 행동을 했을지도 모른다"라는 불안, 그리고 "그 잘못이 나를 나쁜 사람으로 만들 것"이라는 두려움의 형태로 나타난 것이었다. 그래서 사소한 실수에도 죄책감에 빠지고, 끊임없이 사과하고, 확인을 요구하며, 고백, 기도, 속죄의 행동으로 자신을 정화하려 애썼다.

하나의 마음 깊은 곳에는, 누구보다 선하고 바르게 살고 싶은 진심이 있었다. 하지만 그 귀한 마음이 불안과 결합되었을 때, 도덕성은 사랑이 아니라 두려움의 얼굴로 변했다. 착하고 싶은 마음은 축복이지만, "반드시 완벽해야 한다"라는 강박은 끝없는 불안과 자기 비난으로 아이를 옥죄게 된다.

나는 하나가 노출 및 반응 방지 치료(ERP)를 통해 '불완전한 자신을 견디는 연습'을 하도록 도왔다. 마음에 걸려도 사과하지 않고 하루 버티기, 부모님께 고백하지 않기, 확인 질문하지 않기 같은 작은 실천부터 시작했다. 또 자기 연민(Self-Compassion) 훈련을 통해, "실수해도 괜찮다. 나는 이미 충분히 괜찮은 사람이다"라는 내면의 목소리를 키워갔다.

마지막으로 인지행동치료(CBT)를 통해 왜곡된 믿음을 바로잡았다. "모든 사람을 만족시켜야 한다"라는 불가능한 신념 대신, "때로는 갈등도 생길 수 있다, 그것이 곧 나쁜 사람이라는 뜻은 아니다"라는 현실적 시선을 배우게 했다. 이런 과정을 통해, 하나는 약물 도움 없이도 차츰 도덕적 강박에서 벗어났다.

❤️ 마음을 만져주는 따뜻한 햇살 같은 말

"그건 네 생각이 아니라, 뇌가 만들어낸 강박적인 생각이야."('생각'이 아니라 '증상'임을 이해시켜 줌)

"그렇게까지 걱정된다는 건, 네 마음이 얼마나 따뜻한지를 보여주는 거야."

"우리가 완벽하지 않아도 괜찮다는 걸 배워가는 것도 성장의 일부야."

"그 생각을 없애려고 애쓰지 않아도 돼. 그냥 그 생각이 있어도 괜찮아."(억제하지 않고 '지켜보며 흘려보내는 연습'이 중요함을 알려줌)

"너는 이미 좋은 사람이야. 실수 하나로 네가 달라지지 않아. 그렇게까지 사과(고백) 안 해도 돼"

❤️ 이런 말은 마음을 다치게 해요

"그만 좀 생각해."

"예민하게 굴지 마."

"너는 왜 그렇게 유별나게 죄책감을 느껴?"

"네 잘못이네. 어떻게 그런 생각을 해? 정직하게 행동했어야지."

"그런 생각을 왜 해? 정신 똑바로 차려!"(이미 괴로워하는 아이에게 비난은 죄책감을 더욱 증폭시킴)

"엄마(아빠) 앞에서 그런 얘기 좀 하지 마."(대화를 막는 말: 아이는 더 숨기며 속으로 힘들어짐)

조용히 드러나는 강박의
또 다른 얼굴들

저스틴(가명, 고1)의 방은 언제나 종잇조각, 포스트잇, 오래된 과자 봉지, 학습지들로 가득 차 있었다. 부모가 몰래 치우면, 불안한 얼굴로 방안을 뒤지며 화를 냈다.

"그걸 버려서 무슨 일이 생기면 어떡하지?"

실제로 쓰려는 것도 아니었다. 다만, '혹시라도 필요할지 모른다'라는 생각, '버리면 나쁜 일이 생기지 않을까' 하는 불안 때문에 물건을 놓지 못했다. 저스틴의 경우는 손실과 책임에 대한 과도한 불안이 만들어낸 수집/저장 강박(Hoarding OCD)이었다.

민호(가명, 초5)는 수업이 시작되기 전 반드시 연필, 지우개, 공책을 똑같은 간격으로 정렬해야 했다. 조금만 어긋나도 마음이 답답하고 머릿속에서 "다시 맞춰야 해"라는 생각이 끊임없이 밀려왔다.

친구가 장난으로 물건을 건드리면 민호는 참지 못하고 화를 냈다. 민호의 문제는 단순히 정리 습관이 아니었다. '대칭이 맞지 않으면 무슨 나쁜 일이 생길 것 같다'라는 불안이 만든 대칭/정렬 강박(Symmetry and Ordering OCD)이었다.

지현(가명, 고2)은 어느 교실에 가든 가장 뒷자리를 찾았다. 시험을 보는 날이면, 책상에 앉아 긴장부터 되었다. 이유는 자기 뱃속에서 나는 작은 꾸르륵 소리 때문이었다.

"혹시 다른 친구들이 들으면 어떡하지? 혹시 이상하게 생각하면?"

조용할수록 숨이 막히는 긴장은 커졌다. 시험을 칠 때나, 조용한 독

서실 혹은 엘리베이터 안에 들어서면 긴장부터 되었다. 소리에 예민해진 지현은 점점 학교에 가기를 꺼렸다. 상담을 통해 알게 된 건, 이것이 건강/신체에 관한 강박(Health/Illness OCD, Hypochondriasis)의 일종인 감각 중심 강박(Sensorimotor OCD)이라는 것이었다.

강박증의 치료, 불안을 넘어
자유로 가는 길

강박장애 치료의 핵심은 '생각을 없애는 것'이 아니라 '그 생각이 있어도 무너지지 않고 살아가는 법'을 배우는 것이다. 그 중심에는 인지행동치료(CBT)가 있다. CBT는 생각, 감정, 행동의 연결 고리를 살펴보고, 왜곡된 고리를 새롭게 연결해주는 심리치료다. 예를 들어, '손을 안 씻으면 병에 걸릴 거야'라는 생각이 들 때, CBT는 그 생각이 진짜 사실인지, 아니면 나의 지나친 해석인지 질문하고 도전하게 한다.

특히 효과적인 방법 중 하나가 CBT 안에 포함되는 노출 및 반응 방지 치료(ERP)다. ERP는 의도적으로 강박적 생각을 일으키는 환경에 '노출'시킨 후, 평소처럼 불안을 중화시켜주는 강박 행동을 하지 않고 '참는 연습'을 한다. 잠깐은 더 스트레스를 받는다. 하지만, 확인 안 해도 아무 일 없고(확인 강박), 안 씻어도 병에 걸리지 않는(청결 강박) 경험을 반복하면서 강박적 생각이 줄어들게 된다.

불안이 올 때 그것을 있는 그대로 받아들여 행동으로 반응하지 않고 지나가게 두는 이 용기의 훈련은, 강박장애 치료에서 가장 효과적인 방법 중 하나이다. 이를 통해 두려움은 점점 작아지고, 자유는 점점 커진다. 두려워서 달아났던 것들을 마주함으로 불안을 통과하는 법을 배우는 것이다.

또한 요즘은 마음 챙김(Mindfulness)이나 수용전념치료(ACT)를 통해 불안을 없애려 애쓰기보다, 있는 그대로 바라보고 흘려보내는 힘을 길러준다. 증상이 심할 때는 SSRI 계열 항우울제나 필요시 항정신성 약물이 뇌의 불균형을 조절하여 치료 효과를 돕기도 한다.

강박과 싸우는 아이,
옆에 서는 어른

아이의 강박장애 치료에서 가족은 단순한 배경이 아니라, 회복을 위한 중심축이다. 아이는 강박 사고로 인해 극심한 불안을 경험하고, 그 불안을 줄이기 위해 반복적인 확인이나 행동을 요구한다.

"엄마, 한 번만 확인해 줘."

"내가 이상한 게 아니라고 말해 줘."

이런 부탁을 들었을 때 부모는, 아이를 안정시키고 싶은 마음에 "그래, 내가 다시 확인해볼게" 혹은 "엄마가 봤어, 괜찮아"라고 답해준다. 그러나 이런 반응은 일시적으로는 위로가 되지만, 장기적으로는 강박 행동을 강화시켜 아이를 악순환 속에 머물게 한다.

따라서 부모는 상담을 통해, 아이의 '불안을 비난하지 않으면서도 강박 행동에 협조하지 않는 법'을 배워야 한다. 무조건 확인을 해주는 대신, '불안을 함께 견디는 연습'을 도와주는 것이다. 부모가 곁에서 차분히 함께 버텨줄 때, 아이는 조금씩 스스로 불안을 감당할 수 있는 힘을 키워간다. 이렇게 강박장애는 결코 아이 혼자의 싸움이 아니다. 가족 전체가 함께 만들어가는 회복의 여정이며, 그 길에서 부모의 따뜻한 이해와 일관된 태도는 아이에게 가장 안전한 울타리가 되어준다.

강박장애는 겉으로 보면 사소한 행동처럼 보일지 모르지만, 내면에서는 커다란 고통을 동반한다. "그 정도는 그냥 넘기면 되잖아"라는 말은 오히려 아이를 더 위축시킨다. 필요한 것은 제지나 훈계가 아니라, "듣고 있어. 괜찮아."라고 건네는 안정감이다. 그럴 때 아이는 불안이 행동으로 이어지지 않아도 저절로 사라질 수 있다는 것을 배우게 된다. 부모의 말 한마디, 기다려주는 태도, 포용하는 눈빛이 아이를 조금씩 회복의 길로 이끌어간다.

또 하나 기억해야 할 것은, 강박장애와 완벽주의가 밀접하게 연결되어 있다는 사실이다. 많은 아이들이 자라면서 '완벽해야만 안전하다'라는 믿음을 내면화한다. 실수를 두려워하고, 주변의 기대와 평가를 과장되게 받아들이며, 작은 잘못도 '큰 실패'처럼 느끼는 것이다. 그래서 공부, 인간관계, 외모, 성격 모든 면에서 완벽하려 애쓰다가 불안을 통제하지 못해 강박 사고와 행동으로 이어진다.

이럴 때 부모가 해줄 수 있는 가장 큰 선물은 '완벽함'이 아니라 '회복력'을 칭찬하는 것이다.

"잘하려는 마음만으로도 기특해."

"엄마 아빠는 결과보다, 노력하는 너의 태도를 더 소중히 봐."

이런 말 한마디가 아이의 심리에 안전감을 심어준다.

강박 행동은 사실 통제할 수 없는 두려움 앞에서 본능적으로 '내가 할 수 있는 일'을 찾다가 시작된다. 팬데믹 시기에 강박증으로 고생하는 아이들이 많았던 것도 같은 이유다. 확인이든, 청소든, 정리든… 그것은 단순한 '비합리적 행동'이 아니라, 삶을 붙잡고, 소중한 무언가를 지키고 싶은 아이의 절박한 몸부림이었다.

팬데믹이 끝난 세상에서도 강박으로 시달리는 아이들의 숫자는 끝없이 늘어난다. 나 역시 강박을 깊이 경험했고, 지금도 작은 강박을 안고 살아간다. 그러다 보니, 강박으로 시달리는 아이들을 만날 때마다, 그 어이없어 보이는 행동 속에 숨어 있는 절실함을 알기에 나도 많이 안타깝다. 그것이 단순한 증상이 아니라, 살아남고 싶다는, 무너지는 세상 속에서 버텨내고 싶다는 아이의 간절한 기도로 다가오기 때문이다.

건강 강박(Helth/Illness OCD, Hypochondriasis)

건강 강박은 청소년이나 아동들에게는 잘 나타나지 않는 강박이기에 사례는 생략합니다.

부모님께 드리는 말씀

영화 뷰티풀 마인드에서 주인공 존 내쉬는 조현병으로 환각을 경험했지만, 결국 그것이 실제가 아님을 받아들이는 법을 배웁니다. 가장 인상 깊은 장면은 오랫동안 그와 함께 있던 환각 속의 조카가 여전히 눈앞에 보일 때였습니다. 그는 여전히 그 아이를 보았지만, 더 이상 말을 걸지 않았습니다. 환각이 사라지기를 기다리지 않고, 환각이 있더라도 반응하지 않는 선택을 한 것입니다. 조용히 자전거를 타고 지나가는 그의 모습은, '환각과 싸워서 없애는 것'이 아니라 '환각이 있어도 무시하고 살아가는 것'을 보여주었습니다.

강박 사고도 이와 다르지 않습니다. 무섭고 불편한 생각이 떠올라도, 그 생각을 없애려 애쓰는 대신 "그저 생각일 뿐"이라고 바라보며 반응하지 않는 연습이 필요합니다. 생각이 떠올라도 무시하고 살아갈 수 있다는 훈련이야말로, 아이가 강박을 이겨내는 핵심입니다. 강박장애의 치료는 때로 긴 시간이 걸릴 수 있습니다. 하지만 분명한 것은, 포기하지 않는 사람에게 반드시 회복의 길이 열려 있다는 사실입니다.

아이가 살다가 강박이란 마음의 감옥에 갇혔을 때, 나무라거나 억지로 행동을 멈추게 하는 대신, 아이의 불안을 함께 느껴주세요! 곁에서 묵묵히 기다려주세요! 강박은 무찔러 없애야 하는 적이 아니라, '함께 살아가면서 점차 약해지는 그림자'입니다. 부모의 태도 하나하나가 아이에게는 안전한 등불이 되어, 그 긴 여정을 끝까지 걸어갈 힘을 주게 될 것입니다!

4
Chapter

조금 다른 길, 함께 걷는 마음

ADHD와 자폐에서 읽는 우리 아이 마음길

"ADHD는 결코 '의지의 부족'이나 '게으름'이 아니다. 뇌가 외부 자극에 과민하게 반응하고, 충동을 조절하는 기능이 덜 발달했기 때문에 나타나는 신경 발달의 문제이다. 순간 집중을 붙잡아주는 '주의력의 그물망'이 헐거울 뿐이다.
자폐의 징후는 언어의 지연, 사회적 상호작용의 어려움, 반복적인 행동, 감각에 대한 예민함 등이다. 부모가 이를 빠르게 알아차리고 개입하는 것이 아이의 성장에 큰 힘이 된다."

주의력결핍 과잉행동장애(ADHD)와 자폐 스펙트럼 장애(ASD)는 모두 신경발달장애 범주에 속한다. 이름만 들어도 부모 마음은 덜컥 내려앉는다. "혹시 우리 아이가…?"라는 두려움과 혼란 속에서, 이 진단명칭들이 어렵게만 다가오기 때문이다.

신경발달장애라는 말은, 뇌가 자라나는 과정에서 특정한 어려움이 생겼다는 뜻이다. 아주 어린 시기부터 나타나며, 학업이나 사회성, 그리고 일상생활 전반에 영향을 줄 수 있다. ADHD는 보통 초등학교 무렵, 주의 집중이 어렵거나 산만하고 충동적인 모습으로 드러나고, ASD는 생후 18개월 전후부터 눈맞춤이나 사회적 반응이 부족한 모습으로 감지되기도 한다.

ADHD(주의력결핍 과잉행동장애)는 3세에서 5세 사이부터 증상이 나타날 수 있지만 아이마다 발달 속도가 다르기 때문에, 대부분 초등학교 시기인 6세에서 12세 사이에 발견된다. 드물지만 청소년기에 발견되어 성인 ADHD로 이어지는 경우도 있다.

ASD(자폐 스펙트럼 장애)는 더 이른 시기에 신호가 보인다. 보통 생후 18개월에서 24개월 사이에 초기 징후가 나타나며, 2살이 되면 전문가의 진단이 가능하다. 3살 무렵에는 전형적인 특성들이 점점 더 뚜렷해진다. 사회적 발달이 또래보다 늦거나, 언어 반응이 더딘 모습으로 드러나기도 한다. 하지만 이전에 아스퍼거 증후군이라 불렸던 고기능 자폐 같은 경우는, 언어와 지능이 정상 범위에 가깝다보니 초등학교 이후에야 발견되는 경우도 있다.

실제로 임상 현장에서는 ADHD와 ASD가 함께 나타나는 경우도 많다. 연구에 따르면 자폐 아동의 30~60%가 ADHD 증상도 함께 보인다. 예전에는 둘 중 하나만 진단해야 한다고 여겼지만, 이제는 동시에 진단하는 것이 가능하다. 하지만 ADHD와 ASD는 비슷해 보이지만 결이 다르다. 그래서 부모 입장에서는 "우리 아이가 어떤 어려움 때문에 힘든 걸까?"를 구분해서 이해하는 것이 무엇보다 중요하다.

또 까먹었어요, 산만함 속에 숨은 아이 마음

현우(가명, 초등 3)는 산만하고 가만히 있지 못하는 것이 늘 문제였다. 수업 시간마다 몸을 흔들거나 연필을 탁자에 톡톡 두드렸다. 동시에 가방 속에서 뭔가를 계속 부스럭거리며 꺼내어 선생님에게 지적을 받았다. 자리에 오래 앉아있지 못하고, 옆 친구에게 늘 말을 걸었다. 숙제도 자주 잊어버리거나 하다 말고 가져

오는 날이 많았다. 학용품이나 물병, 도시락통을 자주 분실했고, 공부할 때마다 딴 생각에 빠지거나 장난을 피웠다. 하루는 점심 시간에 옆자리 여자아이 머리에 장난으로 우유를 부어, 부모가 학교에 불려가기도 했다. "집중하고 싶어도 딴 생각이 계속나요." 현우는 이 말을 입에 달고 살았다.

부모는 '아직 어려서 그런 건가? 크면 괜찮아지겠지?' 하다가도, '혹시 의지가 부족한 건 아닐까?'라는 의문이 들면 화가 났다. 하지만, 현우도 속으로는, 노력해도 잘되지 않는 자신의 모습이 속상했다. 현우는 감정 기복도 심했다. 조금만 흥분하면 누구에게든 소리를 질렀다. 친구의 사소한 말에도 화를 내거나 갑자기 삐쳐버려, 또래 관계는 점점 힘들어졌다. 학교에서는 선생님께, 집에서는 부모님께 늘 혼만 나는 현우의 자존감은 점점 낮아졌다.

결국 선생님의 권유와 부모의 고민 끝에 심리치료를 받게 되었고, 밴더빌트 ADHD 설문지를 포함한 평가와 면담을 거쳐 주의력결핍 과잉행동장애(ADHD) 진단을 받게 되었다.

데니스(가명, 고1)는 열심히 공부해 명문 과학고에 입학했다. 온 가족이 자랑스러워했고, 데니스 역시 스스로를 뿌듯하게 여겼다. 하지만 기쁨은 오래가지 않았다. 학교 숙제와 시험 준비를 따라가기 힘들어진 것이다. 늦게 끝나는 수업, 집에 와서 저녁을 먹고 바로 책상에 앉아도, 문장은 눈으로만 스치고 머리에 들어오지 않았다. 같은 내용을 반복해 읽느라 숙제를 끝내는 데 시간이 몇 배로 걸렸고, 시계를 보면 어느새 새벽 3시가 넘곤 했다.

친구들은 아무리 늦어도 자정이나 새벽 1시에는 숙제를 마치고 잠자리에 든다고들 했다. 그러나 데니스는 2~3시가 넘어야 겨우 책을 덮었고, 늘 수면 부족에 시달렸다. 주말에는 더 자고 싶어도 프로젝트와 봉사활동이 기다리고 있었다. 중학교에서 전교 1, 2등을 다투던 성취감은 사라지고, 과학고에서는 무너지는 자존감과 함께 데니스에게 우울이 찾아왔다.

하지만 신경정신과 선생님이 발견한 것은 뜻밖에도 우울증이 아니라 ADHD였다. 저학년 때는 ADHD가 있더라도 노력으로 커버가 가능했지만, 과학고의 엄청난 학업량 앞에서는 집중력 문제가 드러난 것이다. 선생님은 데니스에게 우울증 약이 아닌 ADHD 약을 처방했다. 약물로 집중력이 향상되자 공부가 따라가기 쉬워졌고, 덩달아 우울감에서도 벗어났다. 이처럼 겉으로는 우울증같아도 실제로는 ADHD 때문이었던 경우가 고등학생, 대학생에게서 심심찮게 발견된다.

ADHD는 결코 '의지의 부족'이나 '게으름'이 아니다. 뇌가 외부 자극에 과민하게 반응하고, 충동을 조절하는 기능이 덜 발달했기 때문에 나타나는 신경 발달의 문제이다. 순간 집중을 붙잡아주는 '주의력의 그물망'이 헐거울 뿐이다. 그래서 ADHD로 고생하는 아이들은 하고 싶지 않은 것이 아니라, 하고 싶어도 마음이 자꾸 흩어져 고생하는 중이다.

ADHD 아이들이 가장 힘들어하는 것 중 하나가, 공부 시작에 시간이 너무 오래 걸린다는 점이다. 책상 앞에 앉아도 다른 물건에 자꾸 눈이 가고, 휴대폰을 만지면서 시간을 허비한다. 휴대폰을 치우면 이번

엔 집 안에서 나는 소리들에 신경이 쓰인다. 결국 공부를 시작하지 못한 채 하염없이 시간을 보내고는, 심한 자책에 빠진다.

"왜 나는 이렇게 집중이 안 될까?"

"왜 나는 자꾸 실수하고, 잊어버리고, 혼날 일만 만들까?" 아이 마음속에 끊임없는 실망과 비교, 부끄러움이 쌓여간다. '나는 문제아야'라는 자기 낙인이 마음 깊은 곳에 새겨진다.

교사였을 때 만났던 ADHD가 있는 아이들은 항상 숙제도 문제였다. 보통 이런 식이다. 어떤 아이들은 숙제가 있다는 것을 아예 모른다. 나는, 분명히 칠판에 써주기까지 했다! 다른 아이들은 숙제는 아는데, 필요한 책을 집에 안챙겨갔다. 그리고, 책도 가져왔고 숙제도 하신 분들, 숙제를 까먹고 집에 두고 오신다! 마지막으로 가장 기가 막힌 분들은, 가져온 숙제를 못찾으시는 분들이다! 백팩을 다 교실 바닥에 쏟아놓고, 바지 주머니까지 뒤진다. 그런데 분명히 하셨다는 숙제는 나오실 생각을 안한다!

우리는 이 아이들이 잘하고 싶지만 생리적으로 조절이 어려운 상태임을 기억해야 한다. 정서적인 지지를 해주고, 산만함을 줄일 수 있는 환경을 만들어주는 것이 중요하다. ADHD는 단순히 공부의 문제가 아니다. 부모가 마음을 붙잡아 주어, 아이가 자신을 신뢰할 수 있도록 도와주어야 하는 문제다.

ADHD는 어떻게 알 수 있나요?(DSM-5)

다음 두 가지 증상 군 중, 하나 또는 둘 다에서 일정 수 이상의 증상

이 6개월 이상 지속될 때

1. 부주의(Inattention) — 아래 항목 중 6가지 이상(17세 이상은 5가지 이상)이 6개월 이상 지속되며 발달 수준에 부적절하고, 사회적, 학업적, 직업적 기능에 부정적 영향을 줄 때.
· 세부 사항에 주의를 기울이지 못하거나 부주의한 실수를 자주함.
· 과제나 놀이 활동 중 지속적으로 주의 집중이 어려움.
· 다른 사람이 직접 대고 말을 해도 듣지않는 것처럼 보임.
· 지시를 따르지 못하고 과제를 완수하지 못함.
· 과제나 활동을 체계적으로 조직해서 해내는 것이 어려움.
· 지속적인 정신적 노력이 필요한 과제를 피하거나 싫어함.
· 물건을 자주 잃어버림.(예: 책, 연필, 열쇠, 물통 등)
· 외부 자극에 쉽게 주의가 산만해짐.
· 일상적인 활동을 자주 잊어버림.

2. 과잉행동/충동성(Hyperactivity and Impulsivity)
아래 항목 중 6가지 이상(17세 이상은 5가지 이상)이 6개월 이상 지속되며 발달 수준에 부적절하고, 사회적, 학업적, 직업적 기능에 부정적 영향을 줄 때.
· 자리에 앉아 있어야 할 상황에서 자리를 자주 뜸.
· 부적절한 상황에서 과도하게 뛰거나 기어오름.(청소년/성인의 경우 안절부절 못함으로 보일 수 있음)

- 조용히 여가 활동을 하지 못함.
- 끊임없이 활동하거나 마치 "모터가 달린 듯" 움직임.
- 말을 지나치게 많이 함.
- 질문이 끝나기도 전에 불쑥 대답함.
- 차례를 기다리기 어려움.
- 다른 사람의 대화나 활동을 방해하거나 끼어듦.

3. 추가 진단 요건 몇 몇 증상이 12세 이전에 나타났음.
- 두 가지 이상의 환경(예: 가정과 학교, 가정과 직장)에서 증상이 나타남.
- 증상이 사회적, 학업적, 직업적 기능을 임상적으로 의미 있게 손상시킴.
- 증상이 조현병이나 다른 정신장애로 더 잘 설명되지 않음

작은 별 하나,
오늘도 잘했어

ADHD가 있는 아이들에게 행동교정 차트(Behavior Modification Chart)는 매우 효과적인 도구가 될 수 있다. 이것은 아이가 개선할 목표 행동을 구체적으로 정하고, 보상 시스템을 통해 긍정적인 행동을 강화하는 방법이다. 중요한 것은, 너무 많은 목표를 한꺼번에 세우지 않는 것이다. 아이의 수준에 맞추어 하나나 둘씩, 작고 쉬운 목표부터 시작해 점차 늘려가는 것이 핵심이다.

예를 들어, 선생님과 상의하여 학교에서 나타나는 문제 행동 중 한두 가지를 차트에 담는다. '수업 시간 40분 동안 자리에 앉아 있기', '차례 기다리기', '워크시트 끝까지 하기', '친구에게 화내지 않기' 같은 목표를 정해놓고, 매일 선생님이 수업 후에 잘 지켰는지 표시해준다. 집에서는 부모가 선생님의 표시를 확인하고, 스티커나 점수를 주는 방식으로 연결한다.

무엇보다 중요한 것은 '즉각적인 칭찬과 구체적인 보상'이다. 예를 들어, 선생님이 남겨준 표시를 보면서 "와, 오늘은 자리에 잘 앉아 있었네! 참 멋지다!" 하고 과할 정도로 크게 칭찬해주는 것이다. 아이는 이렇게 해야 스스로 무엇을 잘했는지 분명히 알게 되고, 자신이 행동을 조절할 수 있다는 믿음을 조금씩 쌓아가게 된다.

보상은 아이가 진정으로 좋아하는 것이 효과적이다. 예를 들어 하루 목표 3개 달성 시 좋아하는 간식 하나, 유튜브 시청 30분, 5일 연속 성공시 영화 보기, 주말 외식 선택권, 혹은 포인트를 모아 원하는 장난감 사기 등으로 정할 수 있다. 보상이 구체적일수록 아이의 동기부여는 커진다.

행동교정차트에서 가장 중요한 것은 '부모와 선생님의 꾸준한 점검'이다. 어른들에게는 귀찮고 '일'처럼 느껴질 수 있다. 그러나 때로는 1~2년이 걸리더라도 꾸준히 스티커와 별점, 포인트를 붙여주면서 아이가 성취감을 눈으로 확인하게 도와줄 때, 행동 교정이 잘되지 않는 경우는 거의 없다.

ADHD가 있는 두 중학생 아들에게 늘 소리를 지르고 화를 내다 지친 아빠가 있었다. 아빠는 나를 만난 후, 직접 엑셀 시트로 행동교정 차트를 만들었다. 그리고 아들들이 스스로 매일 자신의 행동에 점수를 매기게 했다. 아이들은 긍정적인 행동을 하면 원하는 보상을 받고, 부정적인 행동을 하면 스크린타임이 줄어든다는 것을 몸으로 배우며 문제 행동을 줄여갔다. 그 결과, 아이들은 보상을 받아 행복해졌고, 아빠는 소리 지를 일이 줄어 살 것 같았다. 이 아빠가 다른 부모들에게 나누어준 그 엑셀 파일은 지금도 여러 가정에서 유용하게 사용되고 있다!

나는 상담 현장에서 행동교정차트를 만들 때, 아이와 부모가 함께 상의하여 목표를 정하도록 한다. 일방적인 부모의 요구가 아니라, 아이 스스로 고치고 싶은 행동을 선택하게 하면 책임감과 의욕이 더 커진다. 때로는 계약서처럼 차트를 만들어, 부모와 아이가 함께 정중히 서명하기도 한다. 행동교정차트는 단지 종이 한 장일 뿐이지만, 아이에게는 매일매일 도전하고 성취감을 맛볼 수 있는 중요한 성공의 도구가 된다.

한 판의 게임, 놀이가 열어주는
마음의 창

원래 어린 아이들을 심리치료할 때는 미술이나 놀이치료를 많이 활용한다. 여덟 살 아이를 앉혀놓고 "자, 이제 진지하게 대화를 해봅시다"라고 할 수는 없는 노릇이다. 놀이 속에서 마음이 풀리면, 말하지 않아도 아이의 내면이 자연스럽게 드러난다. 요즘 나는 특히 게임을 상담치료에 많이 이용한다. 게임을 시작하면 아이들의 얼굴이 환하게 밝아지면서 그동안 숨겨두었던 마음을 술술 이야기하기 시작한다.

라파엘(가명, 18세)은 지적장애와 우울증을 함께 겪던 남미계 고등학생이었다. 늘 무표정하고 어두운 얼굴의 라파엘이 나는 참 안타까웠다. 대화도 잘 이어지지 않는 라파엘과 어느 날 나는 원숭이 떨어뜨리기 게임을 해보았다. 나무 모형 위에 원숭이를 올려놓고, 원숭이가 떨어지지 않게 조심해서 스틱을 하나씩 빼는 단순한 게임이었다. 그런데 라파엘이 스틱을 하나 뺐을 때, 원숭이들이 우르르 떨어졌다. 그 순간, 나는 처음으로 이 아이의 환한 웃음을 보았다. 게임의 힘을 새삼 깨닫게 된 순간이었다.

그날 이후로 나는 얼마나 많은 게임들을 치료에 활용했는지! 특히 ADHD나 ASD가 있는 아이들에게 보드게임과 카드게임은 놀라운 효과를 발휘한다. 게임은 단순한 놀이가 아니라 발달을 돕는 중요한 도구이기 때문이다. 규칙을 지키고, 차례를 기다리고, 끝까지 집중하는 법을 배울 수 있고, 이기고 지는 과정을 통해 감정을 조절하고 친구와 소통하는 법을 경험하게 된다. 무엇보다 작은 성공을 통해 자신감과 자존감을 회복하는 계기가 된다.

추천할 만한 게임으로는 도블(Dobble), 우노(UNO), 젱가(Jenga), 블로커스(Blokus), 루미큐브(Rummikub), 스플렌더(Splendor) 등이 있다. 원숭이들이 떨어지는 게임이나 점프하는 게임처럼 주의력을 요하는 게임도 좋고, 테이블 농구, 스테어(Stare), 패밀리 퓨드(Family Feud), 헤드밴즈(Headbanz), 모노폴리(Monopoly) 같은 게임도 아이들의 집중력과 사회성을 길러주기에 충분하다.

경철(가명, 13세)은 심한 ADHD와 발달장애로 특수교육을 받고 있었다. 여린 성격 탓에 자기 의사도 잘 표현하지 못하고, 사소한 일에도 눈물이 맺히곤 했다. 어느 날, 경철이,아빠, 나, 이렇게 셋이 우노(Uno) 게임을 했다. 간단하면서 재미있는 카드게임 우노를 하면서, 경철이는 집에서는 늘 자신을 혼내던 아빠를 '이겨먹을 수 있고 골탕먹일 수 있다'는 사실만으로도 크게 신이 났다. 그날의 경험은 경철이 인생에 작은 '인간승리'였고, 무척이나 즐거운 기억으로 남았다.

이런 게임들은 단순한 재미를 넘어, 시각적 집중력, 손 조절력, 숫자 감각, 공간 인지력, 계획력까지 훈련시킨다. 단, ADHD나 ASD가 있는 아이들은 집중 시간이 짧기 때문에 게임은 길지 않게 하고, 규칙은 단순하고 명확하게 알려주는 것이 중요하다. 게임 도중 잠깐씩 쉬는 시간을 주고, 이기고 지는 결과보다 끝까지 참여한 사실 자체를 크게 칭찬해 주는 것이 좋다.

요즘 아이들은 점점 더 스크린 속 게임에 매달리고 있다. 이럴 때 가족과 함께 얼굴을 마주하며 하는 보드게임과 카드게임은 아이의 발달에 훨씬 깊은 영향을 남긴다. 게임은 단순한 오락이 아니라, 아이의 마음을 열고, 관계를 회복하며, 자신감을 키우는 소중한 다리가 되어준다.

약만이 답일까요?
다양한 ADHD 치료 이야기

집중력 문제가 심한 경우 약물치료가 필요할 수 있다. 하지만 "약의 대부분은 식욕을 억제하여 체중 저하를 불러오는 경우가 많아, 성장기 아이들 부모님에게는 고민이 안될 수가 없다. 그리고 초등학생이나 청소년의 경우, 주의력은 뇌의 발달뿐 아니라 생활 환경의 영향도 크게 받기 때문에, 약 이외에도 다양한 방법으로 자기조절 능력을 길러줄 수 있다.

첫째, 행동치료와 인지행동치료는 집중력을 키우는 데 효과적인 방법이다. 해야 할 일을 작은 단위로 나누고, 정해진 시간 동안 집중하도록 도와주는 것이다. 예를 들어, '20분 집중 후 5분 쉬기' 같은 구조를 반복하면 뇌는 차츰 집중하는 방법을 배워간다. 또한 '내가 지금 산만해졌는지 아닌지'를 스스로 인식하여 점검하는 체크리스트나 집중 다이어리도 훈련에 도움이 된다.

둘째, 생활 습관의 안정은 집중력의 기초가 된다. 수면이 부족하거나 식사가 불규칙하면 아이의 뇌는 쉽게 피로해지고 산만해진다. 하루 8시간 이상의 충분한 수면, 규칙적인 운동, 가공식품과 단 음식을 줄이고 단백질과 오메가3가 포함된 식단을 유지하는 것이 좋다. 특히 신체 활동은 뇌의 실행 기능과 집중력 유지에 직접적인 도움을 준다.

셋째, 학습 환경을 단순화하고 집중이 잘되는 공간을 마련해주는 것도 중요하다. 책상 위에는 꼭 필요한 것만 두고, 소음이나 시각적 자극이 되는 물건은 치워준다. 조용한 배경 음악이나 화이트 노이즈는 집중을 도울 수 있다. 휴대폰과 TV는 가능한 한 멀리 두도록 한다. 특히 뇌를 빠른 자극에만 익숙하게 만드는 디지털 기기들은, 사용 시간을 '절대적으로' 제한하고 관리해야 한다.

넷째, 명상이나 마음챙김 훈련은 감정 조절과 주의 집중을 돕는다. 하루 5분이라도 눈을 감고 호흡에 집중하거나, 잔잔한 음악에 맞춰 몸의 감각을 느껴보는 연습은 아이의 뇌에 여유를 주고 자기인식을 길러준다.

아이의 집중력은 타고난 능력이 아니라, 반복되는 연습과 안정된 환경 속에서 자라나는 힘이다. 모든 집중력 장애가 약물을 필요로 하는 것은 아니며, 많은 경우 부모의 일관된 지지와 습관 형성, 환경 조절로 큰 개선이 가능하다. 그러나 증상이 심각하다면, 전문의와 상담해 약물치료를 병행하는 것이 안전하다. 중요한 것은, 부모가 아이를 끝까지 지지하고 이해하며 함께 그 길을 걸어주는 것이다.

🌿 마음을 만져주는 따뜻한 햇살같은 말

"실수할 수도 있어. 다음에 다시 시도하면 돼."(실수하거나 잊었을 때)

"너도 노력하고 있어. 엄마(아빠)도 그걸 알고 있어."(산만하다는 지적을 들을 때)

"네 잘못이 아니야. 뇌가 조금 다르게 작동할 뿐이야."(자책할 때) "그래서 우리가 함께 방법을 찾아가는 거야. 혼자가 아니야."(집중이 힘들다고 할 때)

"결과보다 네가 노력한다는 사실이 더 소중해."

"오늘 한 가지만 잘해도 멋진 거야. 천천히 가도 괜찮아."

🌿 이런 말은 마음을 다치게 해요

"다른 애들은 멀쩡한데 넌 왜 이래"(비교는 정서에 상처를 줌)

"그만 좀 해. 이상해 보여."(이미 알고있는 아이의 수치심만 강화시킴)

"집중 좀 하라구!"(본인이 제일 힘듦)

"왜 항상 똑같은 실수를 해?"(자존감 저하, 낙인감 증가)

"게을러서 그렇지."(성격문제로 오해)

다른 빛깔의 세상,
지후와 라이언 이야기

지후(가명, 5세)가 세 살이 되던 해, 엄마 아빠는 지후가 뭔가 조금 다르다는 생각을 하기 시작했다. 또래 아이들처럼 "엄마", "아빠", "주세요" 같은 말을 잘 하지 않았고, 이름을 불러도 잘 돌아보지 않거나 눈을 맞추지 않았다. 처음에는 그냥 조금 늦된 것이라고 생각했지만, 시간이 지나도 변화가 없었다. 부모가 발달검사를 받아보아야겠다고 마음먹게 된 건, 지후가 또래 아이들과 있을 때 보이는 행동 때문이었다.

놀이터에서 지후는 다른 아이들과 어울리기보다 혼자 노는 것을 더 좋아했다. 혼자 미끄럼틀을 계속 타거나, 모래를 손으로 흘리는 행동을 오래 반복하곤 했다. 다른 아이들이 다가와도 눈을 마주치지 않고, 때로는 말을 하지 않은 채 갑자기 도망가거나 손으로 밀치기도 했다. 의도적인 공격이 아니라, 사회적 신호를 이해하거나 표현하는 데 어려움이 있었기 때문이었다.

언어 발달도 지연되었다. 말을 거의 하지 않거나, 특정 단어나 문장을 반복하며 자기만의 언어를 사용했다. 큰 소리를 들으면 갑자기 소리를 지르거나 바닥에 주저앉아 움직이지 않는 적도 있었다. 발달 선별검사 결과, 지후에게 언어 발달 지연과 사회적 상호작용의 어려움이 있다는 소견이 나왔고, 소아정신과에서 시행한 정밀검사 끝에 지후는 자폐 스펙트럼 장애(ASD) 진단을 받았다.

진단을 받은 날, 부모님의 마음은 복잡했다. 그러나 동시에 이제 지후를 더 잘 이해하고 도와줄 수 있게 된 것을 긍정적으로 받아들이기로 했다. 이후 지후는 언어치료, 놀이치료, 감각통합치료를 시작했고, 부모도 부모교육 프로그램을 통해 자폐에 대한 이해를 넓혀갔다.

라이언(가명, 12세)은 자폐 스펙트럼 장애를 가지고 있다. 겉으로 보기엔 조용하고 말도 또박또박 하지만, 그의 하루는 전쟁터 같았다. 교실에서 책장 넘기는 소리, 형광등의 윙윙거림, 옆자리 친구의 볼펜 딸깍거림까지, 라이언의 귀에는 마치 볼륨이 항상 최대치로 고정된 라디오처럼 모든 것이 동시에 크게 들렸다. 라이언에게 수업 시간은 공부보다 감각을 견디는 싸움이 되기 일쑤였다.

선생님이 그룹 활동을 하자고 말하면, 라이언의 머릿속에는 수십 개의 생각이 휘몰아쳤다. '누구랑 하지? 내가 뭘 해야 하지? 실수하면 어떡하지? 애들이 웃는 게 나 때문일까?' 다른 친구들은 눈빛과 표정만으로도 의사를 주고받았지만, 라이언은 그 언어를 이해하지 못했다. 그는 늘 "자막 없는 외국 영화를 혼자 보는 기분"이었다.

쉬는 시간에도, 점심시간에도 라이언은 혼자였다. 친구가 싫어서가 아니라, 다가가고 싶어도 어떻게 다가가야 할지 몰라서였다. 감정도 있고, 관심도 있고, 마음도 있지만, 그것을 어떻게 다른 사람과 연결해야 할지 막막했던 것이다. "퍼즐 조각은 많은데, 그걸 다른 사람과 어떻게 맞춰야 할지 모르겠어요." 라이언의 내면은 그렇게 외치고 있을 것이다.

집에 돌아온 라이언은 하루 동안 쌓인 자극과 불확실함 때문에 쉽게 짜증을 내거나 방 안에 틀어박히기도 했다. 그러나 엄마가 말없이 곁에 있어주고, 규칙적인 일정을 지켜주면, 그는 서서히 마음을 열 수 있었다. 라이언에게 가장 필요한 것은 더 많은 설명, 예측 가능한 일상, 그리고 무엇보다 기다려주는 사랑이었다.

자폐가 있는 아이들이 공통적으로 경험하는 것은 감각의 과부하, 정보 처리 방식의 차이, 그리고 사회적 단서나 신호 해석의 어려움이다. 언어가 유창한 한 고기능 자폐 청소년은 자신의 내면을 이렇게 표현했다.

"인터넷 속도가 아주 느린 컴퓨터에 20개의 창을 동시에 띄운 느낌이에요." 얼마나 마음이 복잡하고 혼란스러울지 짐작이 되는 표현이다.

이렇게, 많은 자극과 정보를 동시에 받아들이지만, 필터링하거나 우선순위를 정하는 것이 어려워 작은 자극에도 쉽게 압도되다 보니, 바로 정서적 불안과 행동 반응으로 이어지기도 한다. 그렇기때문에 부모가 자폐를 가진 아이를 이해하는 첫걸음은, 이런 '다른 방식의 세상' 속에서 아이가 얼마나 고군분투하고 있는지를 알아차리는 것이다.

자폐 스펙트럼(ASD)은 어떻게 알 수 있나요?(DSM-5)
ASD 진단을 받기 위해서는 기준 A, B, C, D를 모두 만족해야 함
A. 사회적 의사소통 및 사회적 상호작용이 계속 문제가 될 때(아래 3가지 모두 충족해야 함)

1. 사회-정서적 상호반응의 결함

    예) 정상적 주고받는 대화의 어려움, 감정이나 흥미의 공유 감소, 사회적 상호작용 시작 및 반응의 어려움

2. 비언어적 의사소통 행동의 결함

    예) 눈맞춤, 몸짓, 표정 같은 비언어 신호의 사용이 부족하거나 이해의 어려움

3. 관계 형성, 유지, 이해의 결함

    예) 상황에 맞는 행동 조정이나 또래 관계 형성의 어려움, 타인에 대한 관심 부족 등

B. 제한적이고 반복적인 행동, 관심, 활동 양상(아래 중 최소 2가지 이상 충족해야함)

1. 같은 움직임, 같은 물건 사용 또는 같은 말의 반복

    예) 손 흔들기, 물건 줄 세우기, 반향어(들은 말의 반복)

2. 일상에 대한 융통성 없는 집착이나 동일성 유지에 대한 강한 고집

    예) 사소한 변화에 대한 극심한 스트레스, 의례적 행동 반복

3. 강하게 제한되거나 고정된 관심사

    예) 특정 주제나 사물에 대한 강한 몰입

4. 감각 자극에 대한 과민 혹은 둔감한 반응

    예) 특정 소리나 감각에 지나치게 민감하거나 혹은 무감각, 회전 물체에 대한 강한 집착 등

C. 증상이 어린 시기에 시작되어야 함: 보통 2-3세

D. 증상이 현재의 사회적, 직업적 또는 기타 중요한 기능 영역에서 임상적으로 의미있는 손상을 초래함

❤️ 아이 마음을 만져주는 따뜻한 햇살같은 말

"○○야, 너는 있는 그대로 소중한 사람이야."

"세상을 느끼고 표현하는 네 방식이 특별하단 걸 엄마(아빠)는 알아."

"네가 편하게 느낄 수 있도록 도와주고 싶어."

"네 귀가 너무 아프게 느꼈구나. 그럴 수 있어."(감각에 민감하게 반응할 때)

"네가 말로 표현하지 않아도, 엄마는 네 마음을 알고 싶어."

"변화가 걱정될 수 있어. 우리 같이 준비해보자."(안정감과 예측 가능성 제공)

"오늘 무슨 일이 있을지 알려줄게. 네가 마음 준비할 수 있도록 말이야."

"새로운 상황이 생기면 엄마가 도와줄 거야. 혼자가 아냐."

"그렇게 반응한 건 불편하거나 무서웠기 때문일 거야. 그럴 땐 어떻게 도와줄 수 있을까?"(행동을 훈육하는 대신 이해하기)

"크게 소리 지른건 네 감정이 너무 커서 그런 거야. 다음엔 다른 방법도 같이 찾아보자."

"이럴 땐 이렇게 말해도 괜찮아. 같이 연습하자." "엄마(아빠)는 네가 스스로 해낸 걸 보니까 정말 자랑스러워."

"지금 감정이 힘들면 이렇게 말하거나, 이걸 사용할 수 있어."

❤️ 이런 말은 마음을 다치게 해요

의도와 상관없이 아이를 위축시킬 수 있음

"왜 그렇게 말을 안 들어?"(통제가 아닌 이해가 필요함)

> "이렇게 하면 친구 못 사귀어."(아이의 행동을 있는 그대로 존중해야 함)
> "그것 좀 고쳐. 남들이 이상하게 생각하잖아."(자존감에 큰 상처가 됨)
> "이것도 못해?"
> "너때문에 힘들어서 못살겠다."
> "크면 괜찮겠지."
> "너 일부러 그러는거지?

함께 피어나는 시간, 매일의 순간이 아이를 가르친다

자폐의 징후는 언어의 지연, 사회적 상호작용의 어려움, 반복적인 행동, 감각에 대한 예민함 등이다. 부모가 이를 빠르게 알아차리고 개입하는 것이 아이의 성장에 큰 힘이 된다. 자폐를 가진 아이를 둔 부모가 할 수 있는 가장 큰 일은, 아이를 있는 그대로 수용하고 사랑하며 안정감을 주는 것이다. 조금 다른 아이의 감각과 표현, 그리고 세계를 인정해주며, 아이의 속도와 방식에 귀를 기울이는 것이 가장 중요하겠다.

자폐를 가진 아이의 행동 교정은 전문가만의 몫이 아니다. 부모야말로 일상 속에서 가장 강력한 치료자가 될 수 있다. 특히 일관성 있는 환경과 루틴을 제공하는 것이 필수적이다. 부모는 가장 많은 시간을 아이와 함께 보내는 사람이기에, 좋은 행동에 대한 즉각적이고 구체적인 피드백을 통해 그 행동을 강화할 수 있다.

예를 들어, 아침에 일어나기, 씻기, 옷 입기, 아침 먹기와 같은 일과를 그림 카드나 색깔표로 알려준다. 그리고 아이가 그 순서를 따라갔을 때, "와, 그림 스케줄 그대로 했구나! 정말 멋지다!" 하며 즉시 칭찬하거나 작은 보상을 해주는 것이다. 루틴에 변동이 있을 때는 반드시 미리 알려주어야 아이가 혼란을 느끼지 않는다.

아이의 행동을 바꾸기 위해서는 먼저 그 행동이 나타나는 이유를 살펴야 한다. 감각적 불편 때문인지, 의사소통의 어려움 때문인지, 혹은 관심을 얻고 싶어서인지를 세심히 관찰해야 한다. 아이가 울거나 소리를 지를 때마다 원하는 것을 주면, 울면 얻을 수 있다는 패턴이 강화된다. 반대로 긍정적 행동이 나타났을 때는 즉시 보상으로 강화해야 한다. 예를 들어, 울지 않고 말로 표현했을 때 칭찬하거나 스티커를 주는 것이다.

무엇보다 중요한 것은 일관성이다. 하루는 허용하고, 다음 날은 금지하는 방식은 아이에게 혼란만 주고 행동을 더 심하게 만들 수 있다. 가족 모두가 같은 기준과 방식으로 아이를 대할 때, 아이는 안정감을 느끼고 조금씩 변화를 경험하게 된다. 부모는 아이의 행동을 해석하고 조절하며 격려하는 훈련자이자, 동시에 세상에서 가장 따뜻한 보호자가 될 수 있다. 하지만, 참 어려운 일이기도 하다!

아이의 세상 옆,
나의 작은 쉼표

자폐를 가진 아이를 돌보는 일은 부모에게 아주 느리고 예측할 수 없는 장거리 마라톤과도 같다. 매일 아침 눈을 뜨는 순간부터 최선을 다해 아이를 돌보고, 밤에는 아이보다 하루라도 더 오래 살기를 간절히 바라는 것이 내가 만난 많은 부모들의 공통된 마음이었다. 그러나 그것이 결코 가능하지 않음을 알기에, 아이가 성인이 되어서도 안전하고 행복하게 살아갈 수 있는 길을 찾기 위해 부모의 마음은 단 하루도 쉴 수가 없다.

이안(가명, 중2)이 엄마는 내게 이렇게 고백했다.

"외출할 때마다 같은 신발만 신으려 하고, 같은 옷만 입으려 해요. 낯선 소리가 들리면 길 한복판에서도 소리를 지르며 멈춰서요. 그럴 때 이안이를 바라보는 사람들의 시선은 너무 따가웠어요. 계획했던 일정은 늘 어그러졌고, 하루에도 몇 번씩 아이의 과민 반응과 감정 폭발을 마주하며 저는 제 감정을 꾹꾹 눌러 삼켜야 해요. 그러다 어느 날, 몸도 마음도 완전히 지친 채 화장실에 혼자 앉아 아이들 몰래 울고 있는 제 모습을 발견했어요."

그날, 이안 엄마와 나는 내가 늘 강조하던 '엄마 자신을 돌보는 것'이 얼마나 중요한지에 대해 많은 대화를 나누었다. 그리고 그때부터 '이대로는 오래 버틸 수 없다'는 마음으로, 자신을 위해 할 수 있는 작은 일들의 리스트를 만들었다. 그리고 하루 30분이라도 자신만의 시간을 가지기로 다짐했다. 아침에 커피 한 잔을 천천히 마시며 좋아하는 음악을 듣고, 한 달에 한 번은 믿을 수 있는 친지에게 아이를 맡기고 짧은 하이킹을 다녀왔다. 얼마 전에는 큰맘 먹고 남편에게 아이들을 맡기고, 친구와 1박 2일 여행도 다녀왔다. 처음엔 죄책감과 불안감이 있었지만, 시간이 흐르며 그는 자신이 조금씩 회복되고 있음을 느꼈다.

무엇보다 놀라운 건, 엄마가 여유를 찾자 아이의 불안도 덜어지고, 엄마가 웃을 때 아이의 마음도 함께 밝아졌다는 사실이었다. 이안 엄마는 이제 안다. 잠깐의 숨고르기가 자신을 위한 일임과 동시에 아이를 위한 일이라는 것을. 그래서 오늘도 엄마는 짧은 휴식을 선택한다. 그것이야말로 평생 아이의 가장 든든한 동반자로 함께 걷기 위한 힘을 지켜주는 길이기 때문이다.

아이와 함께 걷는 길, 부모의 물음

Q 자폐를 가진 우리 아이, 상담이 도움이 될까요?

A 자폐를 가진 아이는 감정을 느끼지만 그것을 언어로 표현하기 어려운 경우가 많습니다. 그래서 마음속에 쌓인 불안, 분노, 고립감이 말 대신 반복적인 행동이나 갑작스러운 감정 폭발로 드러나기도 합니다. 상담은 이런 아이들에게 언어가 아니어도 감정을 표현할 수 있는 길을 열어줍니다.

놀이치료나 미술치료는 아이가 말하지 못하는 마음을 놀이와 그림 속에서 자연스럽게 드러내도록 돕습니다. 역할놀이를 통해 상황에 맞는 감정 반응을 연습하거나, 그림을 그리며 마음속 이야기를 꺼내는 과정 속에서 아이는 조금씩 자신의 감정을 안전하게 표현하고 조절하는 법을 배워갑니다.

　언어 기능이 어느 정도 있는 아이라면, 또래와 눈을 맞추는 방법, 차례를 기다리는 연습, 대화를 시작하고 이어가는 기술같은 '사회 규칙'을 놀이와 시각적 도구를 통해 배울 수 있습니다. 상담은 단순히 기술을 가르치는 것이 아니라, 아이가 세상과 연결될 수 있는 다리를 놓아주는 과정입니다.

　또한 상담은 아이에게만 머무르지 않습니다. 부모 역시 상담과 코칭을 통해 위로를 받고, 아이 행동 이면에 숨어 있는 감정과 의사소통 방식을 이해하게 됩니다. 일상 속에서 실천할 수 있는 양육 전략도 배웁니다. 이런 과정을 통해 부모는 덜 지치고, 아이는 더 큰 안정감을 느끼며, 가족 전체가 함께 조금씩 변하고 회복되는 경험을 하게 됩니다. 상담은 단순히 문제를 해결하는 것이 아니라, 아이의 세상에 다가가는 따뜻한 첫걸음이 됩니다.

Q ADHD 와 ASD는 어떻게 다른가요?

	ADHD(주의력결핍 과잉행동장애)	ASD(자폐 스펙트럼 장애)
핵심특징	주의력 부족, 과잉행동, 충동성	사회적 상호작용의 어려움, 제한적/ 반복적 행동
사회성	관계는 원하지만 실수가 잦음	관계 자체에 관심이 적거나 방법을 모름
언어	언어 발달은 보통, 말이 많은 경우도 있음	언어 지연 또는 비정상적인 언어 사용(에코라리아)
집중력	집중 어려움, 산만함	특정 관심사에 과도하게 몰입 가능
행동	충동적, 즉흥적	반복적, 고정된 행동패턴(예: 손 흔들기)
감각 반응	상대적으로 일반적인 편	감각 과민/둔감 반응 자주 보임
진단 시기	대체로 초등학교 입학 전후	대체로 2~3세 무렵부터 관찰 가능
치료 접근	약물치료와 행동치료	행동교정, 사회성 훈련, 특수교육

Q ADHD를 가진 우리 아이, 상담이 도움이 될까요?

A ADHD를 가진 아이는 학습 도중 쉽게 산만해지고, 충동적으로 행동하거나 지시를 따르지 못하는 경우가 많습니다. 상담은 이러한 아이의 특성을 정확히 평가하고, 그에 맞는 행동 조절 훈련과 인지행동기법을 적용합니다.

과제를 작게 나누어 계획을 세우는 연습, 충동을 조절하는 자기 말 걸기 훈련, 시각적 타이머나 강화 시스템 사용 등을 통해, 아이는 집중력과 자기조절력을 단계적으로 키워갑니다. 이런 과정을 통해 아이는 스스로 성취감을 느끼고, 좌절 대신 도전의 경험을 쌓을 수 있습니다.

ADHD가 있는 아이에게 상담은 단순한 치료가 아니라, 아이 마음에 다가가는 따뜻한 통로가 됩니다. 누구보다 잘하고 싶지만 집중이 안 되고 충동을 조절하지 못해 힘들어하는 마음을 이해해주고, 스스로를 다잡을 수 있는 작은 방법들을 하나하나 배워가는 자리입니다. 아이가 "나도 할 수 있다"는 자신감을 되찾도록 돕는 과정이 바로 상담입니다.

또한 상담은 부모에게도 깊은 위로와 안내가 됩니다. 상담 속에서 부모는 아이의 뇌 발달과 행동 특성을 이해하게 되고, 꾸짖음이 아닌 격려와 일관된 지지가 아이에게 얼마나 큰 힘이 되는지를 배웁니다. 부모가 아이를 바라보는 눈길이 따뜻하게 바뀔 때, 아이의 마음도 조금씩 열리며 안정됩니다.

ADHD 상담은 아이 혼자만의 여정이 아니라, 부모와 아이가 함께 성장하는 길입니다. 상담실에서 배운 작은 실천들이 가정 속에서 이어질 때, 아이는 더 이상 '문제아'가 아니라, 존중받고 지지받는 존재로 자리잡게 됩니다. 이 가족과의 여정 속에서 아이는 조금 더 집중할 수 있고, 조금 더 자신을 믿을 수 있으며, 결국에는 자기 삶을 힘차게 걸어갈 힘을 얻게 됩니다.

부모님께 드리는 말씀

　ADHD와 ASD는 아이가 세상을 바라보고 반응하는 방식이 다르다는 것을 보여주는 이름입니다. 집중이 어려워 산만해 보이거나, 반복된 행동 속에만 머무는 것처럼 보여도, 그 안에는 이해받고 싶은 마음과 연결되고 싶은 갈망이 숨겨져 있습니다. 부모와 어른들이 그 다름을 인정하고 존중할 때, 아이는 비로소 자신의 자리에서 자랄 수 있습니다.

　진단은 끝이 아니라 시작입니다. 아이에게 맞는 길을 함께 찾아가는 과정 속에서, 아이도 부모도 함께 성장해 갑니다. 결국 사랑이란, 같은 속도로 걷지 않아도 끝까지 함께 걸어주는 것이니까요. 우리 아이는 고장이 난 게 아니라, 다른 방식으로 세상을 느끼고 살아가는 중입니다. 조금 다른 길을 걷고 있을 뿐, 같은 목적지에 가고 있어요!

Chapter 5

흔들리는 마음의 계절

10대들의 마음 읽기

" 이 시기 아이들은 인생에서 가장 큰 신체적 변화와 정서적으로도 질풍노도의 한가운데를 살아간다. 과거에는 열다섯 살쯤을 사춘기의 절정으로 보았다면, 요즘은 초등학교 5학년, 열 살 무렵부터 이미 힘든 사춘기의 문을 열어, 열두세 살쯤 되면 아주 전형적인 사춘기에 들어가신다! 기억할 것은 부모가 이 시기 아이들 행동을 단순한 사춘기 투정쯤으로 가볍게 여기지 말고, 조금 더 민감하게 반응할 필요가 있다는 것이다."

10대, 사춘기, 틴에이저… 앗, 머릿속에 지진이 일어난다. 오래도록 고등학교에서 청소년을 가르친 나도, 10대 상담만큼은 쉽지 않다. 알고 보니 나만 그런 것이 아니다. 많은 미국인 동료 상담사들도 입을 모아 말한다. "Teenagers are difficult. Period!(10대, 어렵다. 완전!)" 그런데 어쩌나! 상담실 문을 두드리는 아이들 중 절반 이상이 바로 이 10대들이니!

　이 시기 아이들은 인생에서 가장 큰 신체적 변화와 정서적으로도 질풍노도의 한가운데를 살아간다. 과거에는 열다섯 살쯤을 사춘기의 절정으로 보았다면, 요즘은 초등학교 5학년, 열 살 무렵부터 이미 힘든 사춘기의 문을 열어, 열두세 살쯤 되면 아주 전형적인 사춘기에 들어가신다! 기억할 것은 부모가 이 시기 아이들 행동을 단순한 사춘기 투정쯤으로 가볍게 여기지 말고, 조금 더 민감하게 반응할 필요가 있다는 것이다.

　10대에게 가장 흔히 나타나는 정신적 어려움은 우울증이다. 성인의 우울증과 달리, 10대의 우울은 성적의 급격한 하락, 등교 거부, 갑작스러운 반항과 분노, 수면이나 식사 패턴의 변화 같은 모습으로 드러난다. 고학년으로 갈수록 학업 부담과 대학 진학의 압박이 불안을 불러오면서, 때로는 강박증까지 동반하기도 한다. 억눌린 감정은 자해나 자살 충동으로 표출되기도 하고, 그동안 숨어 있던 ADHD가 드러나기도 하며, 성 정체성과 성적 지향에 대한 혼란이 시작되기도 한다.

체중과 외모에 민감한 이 시기, SNS에서 보여지는 '완벽한 몸매'는 아이들에게 큰 압박이 된다. 그 결과 거식증이나 폭식증 같은 섭식장애가 생기기도 하고, 현실의 스트레스를 피하려 과도하게 인터넷과 게임에 몰입하다 중독으로 이어지기도 한다. 일부 청소년은 이 시기 격한 반항과 적대감, 분노 폭발로 부모를 힘들게 하기도 한다.

이 모든 문제들은 결코 10대 혼자만의 힘으로 감당할 수 있는 일이 아니다. 부모가 먼저 마음의 눈을 열어 아이의 신호를 알아차리고, 손을 내밀어 주어야 한다. 설령 아이가 10대에 마음의 어두운 터널을 지나더라도, 부모가 흔들림 없는 따뜻한 불빛으로 동행해 준다면, 아이는 결국 그 길 끝에서 더 단단하고 건강한 어른으로 성장하게 될 것이다.

이 장에서는 앞서 다룬 불안장애, 우울증, 강박증, 집중력 문제나 자폐 외에도, 내가 현장에서 만나 온 10대들의 다양한 마음의 어려움들을 함께 나누고자 한다. 그리고 그 깊은 그림자 속에서 우리가 어떻게 손을 내밀어 아이들을 도울 수 있는지, 어떤 작은 등불을 비춰줄 수 있는지를 함께 이야기하고자 한다.

들뜸과 가라앉음 사이,
멈춰버린 열여섯

　　　　　　　　　　　로사(가명, 16세)는 평소 말이 적고, 친구들과 잘 어울리지 못하는 조용한 학생이었다. 한국에서 막 온 로사는 영어가 서툴러, 교실에서 늘 입을 다물고 있는 편이었다. 그런데 어느 날, 학교에 온 로사의 모습이 전혀 달라져 있었다!

　ESL 시간에 늘 떠들어 선생님을 힘들게 하던 남미계 학생이 그날도 여전히 까불고 있었다. 그런데 그날은 갑자기 로사가 벌떡 일어나더니 그 아이에게 다가가 머리를 한 대 때려버린 것이다. 모두가 놀라 눈이 휘둥그레졌다. 안 그래도 늘 조용하던 로사가 그날은 계속 손을 들고, 서툰 영어로 말을 하려 애쓰며 평소와는 전혀 다른 모습을 보였기 때문이다.

　그날 로사의 행동은 계속 이상했다. 부르지도 않았는데 상담실을 찾아가 상담을 요청하거나, 과학 수업 도중에는 가방과 재킷을 교실에 두고 집으로 가버렸다. 집에 돌아간 로사는 며칠 동안 거의 잠을 자지 않았고, 밥도 먹지 않았다. 그런데도 에너지가 넘쳐 쉬지 않고 말하거나 계속 밖으로 나가려 했다. 당황한 부모님은 급히 내게 로사를 데리고 왔다.

부모님께 혹시 이전에도 이런 일이 있었는지, 치료나 약을 복용한 적이 있는지 물었다. 한숨을 내쉰 부모님은 조심스럽게 고백했다. 로사는 한국에서 이미 조울증(양극성 장애, Bipolar Disorder) 진단을 받고 약을 복용하다가, 미국에 와서 두 달 전 약을 중단한 상태였다는 것이다. 교회 사람들의 권유로 약 대신 기도에만 의지해보자 했던 것이 화근이 되어, 결국 조증(Mania) 에피소드가 찾아온 것이었다.

조울증은 단순한 기분의 기복이 아니라, 비정상적으로 들뜨는 조증(Mania)과 깊이 가라앉는 우울증(Depression)이 교차하며 나타나는 기분장애다. 조증일 때는 마치 하늘을 나는 듯 기분이 솟아오른다. 무엇이든 할 수 있을 것 같고, 자신이 천재인 것 같고, 세상 전체가 손안에 들어온 것처럼 느껴진다. 밤을 새워도 피곤하지 않고, 말은 끝없이 쏟아지고, 에너지는 샘솟듯 솟는다. 그러나 이 고양된 기분은 오래가지 못한다. 곧 극심한 우울함이 몰려오며, 모든 것이 무의미해지고, 이제 침대에서 일어나기조차 힘들어진다. 어제의 확신은 오늘의 불안으로, 어제의 흥분은 오늘의 절망으로 바뀌어버린다.

이 때문에 우울증인지 조울증인지 정확한 진단이 필요하다. 조울증의 우울기에만 집중해 우울증 약만 복용하면, 오히려 조증을 악화시킬 위험이 있다. 활동이 지나치게 늘어나거나, 과소비, 충동적인 여행, 위험한 행동, 혹은 과대망상 같은 증상이 나타난다면 반드시 조증을 의심하고 전문가와 연결해야 한다. 조증은 단순히 기분이 좋은 상태가 아니라 위험할 수 있는 상태이기 때문이다.

조증은 아이의 의지로 통제되는 문제가 아니다. 뇌의 과흥분 상태로 인해 나타나는 것이므로, 꾸짖거나 질책할 일이 아니라 보호와 관찰, 그리고 전문가와의 빠른 연결이 필요하다. 로사는 다시 약을 꾸준히 복용하고 상담을 이어가며 조증 증상을 잘 조절했고, 마침내 컴퓨터 전공으로 대학에 진학했다. 대학 시절에도 공부나 취업 스트레스 등으로 조증이 나타날 때가 있었고, 때로는 며칠 입원 치료를 받기도 했다.

졸업을 앞둔 어느 날, 로사가 흥분된 목소리로 전화를 해왔다. "선생님, 저 마이크로소프트에서 연락받았어요! 빌 게이츠가 직접 저한테 일해 달라고 했어요!" 안타깝게도 조증이 다시 찾아온 것이었다. 그러나 로사는 결국 대학을 잘 마치고, 현재는 직장 생활을 잘해 나가고 있다. 조울증은 평생 관리가 필요하지만, 약물과 상담, 그리고 가족의 이해와 지지가 함께 할 때, 충분히 삶을 이어갈 수 있는 병이다.

특히 로사에게는, 나와 함께 만든 웰니스 회복 실행 계획(WRAP: Wellness Recovery Action Plan)이 많은 도움이 되었다.

WRAP은 정신 건강 회복을 위한 자기 관리 도구로, 단순한 치료 지침이 아니라, 정신적 혹은 신체적 어려움을 주도적으로 극복해 나가기 위한 실질적 로드맵이다. 가족이나 치료사와의 소통 도구로 활용할 수 있으며, 무엇보다 위기 상황 발생 전 '예방적 개입'에 아주 효과적이다. WRAP을 통해 로사는, 조증 징후가 보이면 스스로 조심하거나 입원하면서, 안전하게 그 기간을 넘길 수 있었다.

조울증 관리를 위한 로사의 WRAP은 다음과 같았다.

1. 웰빙 도구 상자(Wellness Toolbox): 나에게 도움이 되는 활동, 습관, 사람들, 따뜻한 샤워 하기, 혼자 있는 시간 갖기(이어폰 끼고 산책), 교회 친구와 문자하기, 일기(저널) 쓰기, 좋아하는 음악 듣기, 상담 선생님과 이야기하기, 엄마랑 짧은 여행하기, 등

2. 매일의 유지 계획(Daily Maintenance Plan): 평소의 나로 잘 지내기 위해 매일 해야 할 것들 7~8시간 자기, 아침밥 꼭 먹기, 나를 힘들게 하는 일 메모하기, 쉬는 시간에 5분 조용히 숨 고르기, 힘든 일 있으면 최소한 한 명에게 말하기

3. 트리거(Triggers): 나를 힘들게 하거나 감정이 흔들리게 할 수 있는 상황 친구와의 오해나 다툼, 학교 시험이나 발표에 대한 스트레스, 엄마가 큰소리로 화를 냄 몸이 피곤하거나 잠을 못 잔 날 대응 전략: 혼자 있는 시간, 낮잠 자기, 찬양 음악 들으며 기도하기, 친구에게 감정 표현하기, 상담 선생님께 연락하기

4. 초기 경고 신호(Early Warning Signs): 내 상태가 안 좋아지려 할 때 나타나는 신호 짜증이 쉽게 남, 말수가 급격히 줄거나 급격히 늘어남, 잠을 잘 못 자고 머리가 아픔 아무것도 하기 싫고 무기력함, 갑자기 너무 들뜨거나 자신감이 넘쳐 계획을 과하게 세움 대응 전략: 일기나 감정 기록 앱에 내 상태 쓰기, 부모님/상담 선생님께 마음 상태 알리기 일정 줄이고 휴식 시간 확보하기, 과하게 계획하지 않기(To Do 리스트 점검)

5. 상태 악화 시 내 모습(When Things Are Breaking Down)

학교 가기 싫은 마음, 지나치게 충동적인 행동(물건 구매, SNS에 계속적으로 포스팅)

눈물이 자주 나고, 미래에 대한 생각이 부정적이 됨

내가 할 일: 스마트폰 잠시 끄기(안 그러면 소셜미디어에 너무 많은 글을 올림), 어른에게 바로 알리기, 정해둔 안정 활동 두 가지 하기(산책과 음악 듣기), 필요시 병원 진료나 입원하기

6. 위기 계획(Crisis Plan): 다른 사람이 알아야 할 나의 신호와 그럴 때의 대책

48시간 이상 안 자고 자꾸 나가려고 함, 밥을 안 먹으려고 함, 엄마 전화나 문자에 반응 안함 나를 도와줄 수 있는 사람과 기관에 연락하기: 엄마(000-000-0000), 상담 선생님(000-000-0000), 119(응급 시 앰뷸런스)

7. 회복 이후 계획(Post-Crisis Plan)

학교는 하루 이틀만 가고 천천히 적응함, 상담 일정 다시 잡고, 감정 기록 다시 시작함 도와준 사람에게 감사 인사하기, 이번에 잘 해낸 점 세 가지 적기

조울증은 어떻게 알 수 있나요?(DSM-5)

1. 양극성 1형 장애(Bipolar I Disorder): 우울 유무와 상관없이, 최소 1회의 조증(manic episode) 경험

조증(Manic Episode): 기분이 비정상적으로 고양되거나 과민하며, 활동과 에너지의 증가 상태가 적어도 1주일 이상 지속되거나 입

원이 필요할 만큼 심할 때

다음 중 3가지 이상(기분이 과민한 경우는 4가지 이상)이 해당될 때:

자존감의 비정상적 상승 또는 과대망상

수면 욕구 감소(예: 3시간만 자도 피곤하지 않음)

평소보다 말이 많아지거나 말을 멈추지 않음

사고의 비약으로 주제가 빠르게 바뀜

주의가 쉽게 산만해짐

목표지향적 활동 증가(사회, 직업, 성적 등)

부정적 결과를 초래할 수 있는 행동(과다한 지출이나 성적이 내려가는 행동 등)

증상이 일상생활에 현저한 손상을 줄 때(입원이 필요하거나 정신병적 증상이 동반될 수 있음)

2. 양극성 2형 장애(Bipolar II Disorder): 조증은 없고, 최소 1회의 경조증(Hypomanic Episode)과 최소 1회의 주요 우울 에피소드(Major Depressive Episode) 경험 1번의 조증 증세 중 3가지 이상(기분이 과민한 경우 4가지 이상)이 해당될 때

경조증(Hypomania): 기분이 고양되거나 과민하고 활동 증가가 적어도 4일간 지속되지만, 일상생활이 가능하고 입원이 필요할 만한 정신병적 증상은 없을 때

3. 순환기분장애(Cyclothymic Disorder): 적어도 2년 이상 가벼운 경조증과 우울 증상이 반복되나, 그 증상들이 Bipolar I 또는 II의 진단 기준을 완전히 충족하지는 않을 때 2년 동안 증상 없는 시기

가 두 달 이상 가지 못할 때

아이와 함께 걷는 길, 부모의 물음:
Q 우울증과 조울증은 어떻게 다른가요?

구분	우울증(MDD)	조울증(Bipolar)
감정 변화	지속적인 우울감	조증과 우울증의 반복
에너지수준	낮음, 무기력	과도하게 높아지거나 낮아짐
활동/말투	느려지고 줄어듦	말이 많아지고 빠름(조증 시)
사고 내용	자책, 절망	과대망상 또는 자책이 왔다 갔다
걱정스러운 행동	자해, 자살 충동, 위축감	충동적인 지출, 성적 행동 같은 위험 행동
치료 방향	항우울제 중심	항우울제와 기분안정제 필요

❤ 마음을 만져주는 따뜻한 햇살 같은 말 "

"지금 기분이 너무 오르락내리락해서 너도 힘들지?"
"네가 잘못된 게 아니라, 그저 너의 뇌가 너무 바쁘게 움직이고 있는 거야." "기분이 너무 올라가도, 너무 내려가도 난 항상 네 편이야."
"힘들 때 말해줘서 고마워. 엄마(아빠)는 항상 들을 준비가 되어있어."
"이 기분을 다루는 방법을 함께 배워 나가보자."
"네 기분은 바뀔 수 있지만, 너라는 사람은 변하지 않아."
"넌 감정 때문에 흔들리는 사람이 아니야. 네 감정보다 네가 더 강해."
"병이 너를 정의하지 않아. 넌 여전히 멋지고 소중해!"

❤ 이런 말은 마음을 다치게 해요

"기분 좀 조절해 봐!" (일부러 감정조절을 안 하는 게 아님)
"또 시작이야?" (반복을 비난하면 더 숨기게 되고 자존감 저하됨)
"그만 좀 흥분해!" (조증 상태는 의지로 조절이 불가함)
"갑자기 또 왜 이렇게 침울해졌어?" (기분 변화 자체가 증상임. 질문보다 공감이 우선)
"넌 왜 항상 이렇게 극단적이야?" (라벨링은 아이를 더 혼란스럽게 만듦)

다르다는 이유로
외롭지 않도록

라일(가명, 16세)은 짧은 숏커트 머리에 헐렁한 티셔츠, 반바지 차림으로 내 앞에 앉아 있었다. 아직은 소녀티가 가시지 않은 고운 얼굴이었지만, 라일은 자신을 트랜스젠더 소년이라 소개했다. 여성에서 남성으로 성별을 정정하는 과정(FTM, Female to Male)을 걸어가는 중이었다.

라일은 열 살 무렵, 이집트에서 미국으로 이민을 왔다. 엄마의 알코올 중독과 방임으로 인해 더 이상 부모와 살 수 없어, 현재는 위탁가정에 맡겨져 있었다. 라일의 본래 이름은 '라일라(밤이라는 뜻의 아랍어 여성 이름)'였지만, 그는 오래전부터 자신을 라일이라고 불렀고, 대명사도 He, His, Him을 사용하고 있다.

라일은 어린 시절 남성이 우월하게 여겨지는 문화 속에서 여성으로 태어난 것에 대한 차별을 견뎌야 했고, 무엇보다 삼촌에게 당한 반복적인 성추행은 깊은 상처로 남았다. 라일은 늘 생각했다. '내가 남자였다면 이런 일을 겪지 않았을 텐데…' 그때부터 자신은 원래 남자인데 여자 몸으로 잘못 태어났다는 확신을 가지게 되었다.

13세가 되면서 라일의 성별 불쾌감은 더욱 심해졌다. 그래서 이름도 바꾸고, 상담뿐 아니라 호르몬 치료(HRT)도 시작했다. 성인이 되면 성별 정정 수술까지 받기를 희망하며, 내분비 전문의와 함께 과정을 꾸준히 이어가고 있다.

라일은 공부를 누구보다 열심히 했다. 특히 생물에 큰 흥미를 보였고, 장래 의사가 되어 자기 같은 트랜스젠더 청소년들을 돕고 싶다는 꿈을 품고 있었다. 영어와 아랍어, 약간의 프랑스어까지 할 줄 아는 라일은, 자신의 이중문화 배경과 성 소수자 경험이 나중에 환자들을 이해하는 데 큰 힘이 될 것이라 믿고 있었다.

겉으로는 당당하고 확신에 차 보였지만, 난 라일 내면에 자리한 깊은 불안과 스트레스를 치료사의 눈으로 생생하게 볼 수 있었다. 성별 정정 과정에서 그 나이 라일이 겪어내야 하는 심리적 부담은 결코 가볍지 않았을 것이다. 나는 성 정체성에 대한 개인적 의견은 내려놓고, 오직 라일의 불안 증상 완화와 정서 회복에 초점을 두었다.

무엇보다 친모와의 단절로 비롯된 상실감, 낯선 문화와 학교에 적응해야 하는 압박감, 위탁 부모와의 미묘한 갈등도 라일의 불안을 크게 키우고 있었다. 나는 트라우마 초점 인지행동치료(TF-CBT)를 통해, 라일이 감정을 조절하고 스트레스에 긍정적으로 대처할 수 있도록 최선을 다했다.

지금 라일은 치료와 학업을 병행하며, 지역 LGBTQ + 청소년 모임에도 꾸준히 참여하고 있다. 아직 가야 할 길은 멀지만, 자신을 있는 그대로 받아들이는 여정을 통해 라일은 한 걸음씩 회복을 이어가고 있다.

젠더(성별) 불쾌감(Gender Dysphoria)은 어떻게 알 수 있나요?

(DSM-5) 과거 DSM 4에서 사용되었던 성 정체성 장애(Gender Identity Disorder)라는 용어 대신, DSM-5에서는 장애라는 낙인을 줄이고 개인

의 고통에 초점을 맞춘, 젠더(성별) 불쾌감(Gender Dysphoria)이라는 용어를 사용한다.

아동 성별 불쾌감(Gender Dysphoria in Children)

아래 8가지 중, 1번 반드시 포함 6가지 이상이 6개월 이상 지속될 때

1. 자신이 다른 성별이 되기를 강하게 원하거나, 다른 성별이라고 지속적으로 주장함
2. 다른 성별의 옷차림이나 전형적인 외모에 대한 강한 선호
3. 다른 성별의 역할 놀이 또는 상상 속 다른 성별의 놀이에 대한 강한 선호
4. 전형적인 다른 성별의 장난감, 게임, 활동에 대한 강한 선호
5. 이성 친구와 동성 친구처럼 편하게 지냄
6. 자신의 성 기관 또는 이차 성징에 대한 강한 거부감
7. 다른 성별의 신체적 특징을 갖고 싶어 함
8. 임상적으로 의미 있는 고통 또는 사회나 학교, 가정에서의 기능 손상

청소년 및 성인 성별 불쾌감(Gender Dysphoria in Adolescents and Adults)

아래 증상 중 2가지 이상이 6개월 이상 지속되고, 이로 인한 심각한 고통이나 사회적 기능 손상이 있을 때

1. 자신이 경험하고 표현하는 성별과 태어날 때 정해진 성별 사이의 뚜렷한 불일치

2. 자신이 가진 성징을 없애거나 피하고 싶은 강한 욕구

3. 다른 성별의 성징을 갖고 싶은 강한 욕구

4. 다른 성별로 살아가고 싶은 강한 욕구

5. 다른 성별로 대우받고 인정받고 싶은 욕구

6. 자신의 생물학적 성과는 다른 성에 속했어야 한다는 강한 신념

🌸 마음을 만져주는 따뜻한 햇살 같은 말

"네가 누군지 혼란스럽거나 불안할 수 있어. 그럴 때 함께 얘기해줘 고마워."

"무슨 생각을 하든, 어떤 모습이든 넌 우리 아이야. 그건 변하지 않아."

"엄마(아빠)는 네가 너답게 살기를 바라고, 그게 어떤 모습이든 사랑해."

"너의 감정은 잘못된 게 아니야. 느끼는 그대로 괜찮아." "엄마(아빠)도 이 주제에 대해 다 알진 않지만, 함께 배워가자." "혹시 내가 실수하는 게 있으면 말해줘. 널 더 이해하고 싶거든."

"너를 지지하지만, 혹시 말이나 행동으로 상처 준 게 있었다면 미안해."

🌸 이런 말은 마음을 다치게 해요

"신경 쓰지 마! 지금은 그런 생각이 들지만, 나중엔 분명히 없어질 거야."(감정을 무시)

"너 남자잖아(여자잖아), 왜 그래?"(정체성에 대한 혼란을 무시)

"네가 그런 말을 하면 사람들이 뭐라고 하겠어?"(사회적 시선을 핑계로 억압)

"부모 노릇 참 힘들게 하는구나!"(죄책감 심어줌)

"그냥 한 때야. 지나갈 거야."

"우리 가족은 그런 걸 받아들이기 어려워."(자기 존재의 부정으로 인식됨)

친구의 한마디,
외모에 꽂히다

현아(가명, 고2)는 어느 날부턴가 음식을 씹어 삼킬 수 없게 되었다. 스파게티도, 밥도, 모든 음식을 갈아서 목으로 넘겨야만 했다. 학교 대표 배구 선수였던 그녀는 운동에 필요한 열량을 꼼꼼히 계산한 뒤, 심지어 치즈케이크까지 갈아 마시며 하루치 에너지를 채웠다. 하지만 친구들과의 외식 자리는 당연히 모두 피해야 했다. 각종 병원 검사를 다 받아보았지만, 신체적으로는 아무 이상이 없다고 했다. 결국 마지막으로 상담실을 찾게 되었다.

걱정이 가득한 현아와 엄마의 얼굴을 마주한 순간, 심리치료사인 내가 현아에게 처음 건넬 수 있었던 말은 고작이랬다. "휴, 현아야, 그래도 죽지는 않겠다." 걱정하는 아이들에게 내가 애용하는 말인 것 같다! "죽을병에 걸린 것 같아 겁나지? 그런데 매일 충분한 열량을 섭취하고 있으니, 그런 건 아닌 것 같아." 일단 현아의 두려움을 조금이라도 덜어주는 것이 급하다 보니 내 입에서 튀어나온 말이었다.

현아 같은 증상은 나도 처음이었다. 무슨 '명의'도 아니고, 초보 심리치료사인 내가 어떻게 안 넘어가는 고체 음식들을 넘기게 할 수 있지? 사실 많이 걱정스러웠다. 언제부터 이랬는지, 무엇 때문에 이런 증상이 생긴 것 같은지, 현아에게 천천히 생각해보자고 했다. 이렇게 치즈케이크도, 미역국도, 라면도 갈아 먹으며 버텨낸 그 시간은, 마침내 현아에게 자신을 설명할 힘을 길러주었다. 알고 보니, 현아는 학교에서 늘 주목받는 아이였다. 공부도 상위권이었고, 배구 선수로도 두각을 나타내며 기대를 한 몸에 받았다. 그런데 어느 날, 친한 친구의 가벼운 농담 한마디가 모든 것을 흔들어 버렸다. "야, 현아야, 오늘 보니까 네 턱선이 좀 별로네." 장난처럼 던진 말이었지만, 사춘기 예민한 현아의 마음에는 깊은 상처로 남았다.

그날 이후, 현아는 거울 앞에서 턱을 만지며 '정말 내 턱이 이상한 걸까?'를 끊임없이 되뇌었다. 그러던 중 온라인에서 '턱 근육 강화기'를 발견한 현아는, 그것을 당장 구입해 하루에 두세 시간씩 턱 운동을 반복했다. 턱이 아파도 멈추지 않았다. 외모는 현아에게 능력 못지않게 중요했기 때문이다. 그러던 어느 날, 입 안과 목에 심한 이물감이 느껴졌다. 음식을 씹기만 하면 목이 콱 막히는 것 같았다. 바로 그 순간부터, 현아는 모든 음식을 갈아 삼켜야만 했다.

현아의 증상은 이전에 전환장애라 불리던 기능 신경 증상 장애(Functional Neurological Symptom Disorder)였다. 심리적 스트레스가 몸의 증상으로 전환되어 나타나는 경우다. 뇌나 신체 손상 없이도 무의식의 깊은 불안과 갈등이 몸을 통해 표현된 것이었다.

회복의 시작은 현아가 처음으로 내게 턱 운동 이야기를 꺼낸 날이었다. '저주 같은 이상한 병'이 아니라, 과도한 입 안의 운동으로 인해 목이 저항한 결과라는 것을 대화 중 깨달으면서, 현아의 마음은 한결 가벼워졌다. 다음 세션에 와서는 라면을 조금 먹었다고 말했다. 너무 좋아 현아와 나는 하이 파이브를 했다! 이후 과자도, 다른 음식들도 차츰 씹어 삼킬 수 있게 되었다.

청소년기는 외모에 대한 관심이 예민해지는 시기로 거울 앞에서 많은 시간을 보낸다. 외모에 대한 작은 말 한마디에 이렇게 무너지는 자존감은, 어떤 아이에게는 섭식장애로, 또 어떤 아이에게는 현아처럼 삼키기 어려운 신체 증상으로 표현되기도 한다. 하지만 중요한 것은, 이 모든 것이 결코 '이상한 아이'라서 생긴 일이 아니라는 것이다. 단지 예민하고 여린 마음이 몸을 통해 대신 말하고 있을 뿐이라는 것이다.

현아는 자존감에 대해 상담하면서 스스로를 조금씩 다시 바라보기 시작했고, 마침내 현아를 괴롭히던 증상은 사라졌다! 아이들이 스스로의 가치를 잃어버릴 때, 부모와 상담자가 그 무거워진 마음의 무게를 함께 들어주기만 해도, 아이는 다시 씹고 삼킬 힘, 그리고 살아갈 힘을 되찾게 된다.

기능 신경 증상 장애(Functional Neurological Symptom Disorder)는 어떻게 알 수 있나요?(DSM-5)

A. 하나 이상의 신경학적 증상(운동 혹은 감각기능)에 변화가 있을 때:
예: 마비, 떨림, 발작, 시각·청각 상실, 실어증(aphasia), 음식을 못 삼키는 연하곤란(dysphagia), 걷기 이상 등

B. 증상이 신경계나 의학적 질환과 일치하지 않을 때: MRI, CT, 혈액검사 등으로 설명되지 않는 경우

C. 증상이 의도적이거나 조작된 것이 아닐 때: 꾀병이나 인위적 장애와는 구별됨

D. 증상이 일상 기능에 손상을 초래하거나, 의학적 평가가 필요할 정도의 고통을 유발할 때

🌸 마음을 만져주는 따뜻한 햇살 같은 말

"목이 콱 막히는 느낌이라니 얼마나 힘들까. 엄마도 마음이 아파."
"병원에서는 아무 문제가 없다는데 왜 그럴까 걱정되지? 우리 같이 그 이유를 알아보자."
"그게 네가 이상하단 뜻은 아니야. 몸이 너에게 보내는 신호일 수 있어." "몸이 너를 보호하기 위해 신호를 보낸 걸 감사하게 생각하자."

🌸 이런 말은 마음을 다치게 해요

"그냥 씹고 삼켜봐. 다 마음의 문제인 거야. 몸엔 아무 문제 없다잖아."(증상을 부정하면 불안 악화)
"네가 너무 예민한 거야."(자책 유도는 방어 심만 상승시킴)
"주변에 너 같은 애 또 있어? 유별나기도 하다."(감정을 억누르게 함)
"그 기계 좀 그만 쓸 수 없니? 쓸데없는 짓 좀 하지 마."(통제보다 공감이 우선됨)

거울 속 나를 미워하기 시작한 날부터

민호(가명, 19세)는 긴장된 표정으로 내 앞에 앉아 있었다. 아직 스무 살도 되지 않은 그의 눈빛은 이미 지쳐 있었고, 바닥만을 향하고 있었다. 그 짧은 삶 속에서 얼마나 많은 무게를 짊어져야 했기에, 이렇게 초점 잃은 얼굴로 내 앞에 앉아 있는 걸까!

엄마는 민호가 어릴 때부터 반드시 사관학교에 가야 한다고 이미 길을 정해주었다. 민호는 사관학교에 전혀 흥미가 없었지만, 집안 형편상 일반 대학 진학은 엄두도 내지 못했다. 전액 장학금이 주어지는 사관학교가 사실상 유일한 길이었다. 그래서 민호는 온 힘을 다해 노력했지만, 워낙 치열한 경쟁 앞에서 결국 육군사관학교에 낙방했다. 다행히 예비학교에는 합격해 다시 기회를 얻었다. 하지만 1년 예비학교 과정 후 들어간 육사에서 민호를 기다리고 있던 것은 영광이 아니라 깊은 우울이었다. 결국 그는 육사 1학년도 채 마치지 못한 채 자퇴했다.

집으로 돌아와 주립대에 입학했지만, 수업을 따라가지 못해 휴학했고, 동네 전문대에서 강의를 들으며 하루하루를 버텼다. 그런데 어느 날부터인가 민호의 식단이 달라지기 시작했다. 닭가슴살, 연어 같은 몇 가지 음식만을 정해진 분량만큼 먹고, 다른 음식은 일절 입에 대지 않았다. 외식은 물론 식단이 다르니 가족과 함께하는 식사도 피했다. 날이 갈수록 체중은 줄었지만, 거울 앞의 민호는 여전히 자신의 외모가 마음에 들지 않았다. 매일 체중계 숫자 하나에 기분이 흔들렸고, 삶은 점점 더 위축되어 갔다.

원래도 긴장으로 가득했던 엄마와의 관계는, 육사 자퇴 이후 더욱 악화되었다. 엄마는 자신이 보기에 '정신력이 약한' 민호에 대한 노골적인 실망을 드러냈다. 민호에게 집은 더 이상 안식처가 아니었다. 엄마의 마음을 다시 얻고 싶었지만, 우울에 빠진 민호는 무엇 하나 제대로 할 수 없었다.

그런 민호가 붙잡은 마지막 저항은 '식단'이었다. "내 마음은 내 것, 내 몸은 내 것"이라는 외침이, 닭가슴살 한 조각에 담겨 있었다. 음식만은 엄마의 통제에서 벗어나 민호가 유일하게 결정할 수 있는 영역이었다. 동시에 그것은 엄마를 향한 분노와 상처를 표현하는 언어가 되었다. 민호의 섭식은 사실 단순한 식습관이 아니었다. 다시 사랑받고 싶은 마음이 변형되어 나타난 절규였다.

민호의 상태는 회피적/제한적 음식 섭취 장애(ARFID: Avoidant/Restrictive Food Intake Disorder)였다. 인지행동치료를 통해 민호는 음식 강박의 이면에 자신감과 자존감을 잃은 내면의 상처가 있음을 알게 되었다. 그리고 단계적 노출 훈련을 통해 조금씩 새로운 음식을 시도하는 연습을 시작했다. 그러나 섭식장애의 회복은 개인의 의지로만 되는 일이 아니다. 가족치료를 통해 가정에서 안전한 분위기를 만들어주고, 비난보다 격려로 아이의 감정을 지지해주고 지켜주어야 한다. 하지만 엄마의 완강한 거부로 가족치료는 이루어지지 못했고, 민호는 완전히 회복하지 못한 채 상담을 중단했다.

민호의 뒷모습을 떠올릴 때마다 내 마음은 여전히 무겁다. 민호는 결국 음식을 통해 "나는 사랑받고 싶다." "나는 존중받고 싶다." 이런 자신이 하고 싶었던 말을 하고 있었는데, 가정에서 그 목소리를 들어줄 열린 귀와 따뜻한 품이 없었던 것이 두고두고 안타깝다.

섭식장애는 어떻게 알 수 있나요? DSM-5

1. 신경성 식욕부진증(Anorexia Nervosa) : 흔히 거식증이라고 부름

A. 체중 감소: 나이, 성별, 성장 상태, 신체 건강에 비해 체중이 현저히 낮음(BMI가 매우 낮음).

B. 체중 증가에 대한 극심한 두려움: 체중 증가 또는 살찔 것에 대한 강한 두려움이 있고, 실제 저체중임에도 식사 제한, 과도한 운동, 구토 등의 행동을 함. C. 왜곡된 신체 이미지: 자신의 체중이나 체형을 잘못 인식하거나, 체중이 건강에 심각한 영향을 미치는데도 저체중인 자신을 부정, 혹은 인식하지 못함.

2. 신경성 폭식증(Bulimia Nervosa)

A. 폭식 에피소드 반복: 다른 사람보다 훨씬 많은 양의 음식을, 짧은 시간(보통 2시간 이내)에 먹고, 그 기간 동안에 먹는 것을 조절할 수 없는 느낌이 듦.

B. 부적절한 보상행동 반복: 폭식 후 체중 증가 막기 위한 구토, 설사약/이뇨제 사용, 단식, 과도한 운동 등의 반복.

C. 빈도: 위 두 행동이 3개월 동안 최소 주 1회 이상 반복됨.

D. 신체 이미지에 지나치게 영향받음: 체형과 체중이 자기 평가에 과도하게 영향을 미침.

E. 신경성 식욕부진증 진단 기준과는 안 맞을 때

3. 폭식 장애(Binge Eating Disorder)

A. 반복적인 폭식 에피소드: 다음의 두 가지 모두 해당됨:

일반적인 사람보다 많은 양의 음식을, 짧은 시간 안에 먹음.

폭식하는 동안 먹는 것을 조절할 수 없다고 느낌.

B. 폭식 중 다음 중 세 가지 이상을 경험함.

평소보다 훨씬 빠르게 먹음.

불편할 정도로 배부를 때까지 먹음.

배가 고프지 않아도 많은 양을 먹음.

부끄러움 때문에 혼자 먹음.

폭식 후 자책감, 우울감, 수치심 느낌.

심한 괴로움: 폭식 행동으로 인해 뚜렷한 고통을 경험함.

C. 빈도: 3개월 동안 주 1회 이상 발생함.

D. 보상행동 없음: 구토, 단식, 운동 등 보상행동 없고, 신경성식욕부진증에도 해당되지 않음.

4. 회피적/제한적 음식 섭취 장애(ARFID: Avoidant/Restrictive Food Intake Disorder)

A. 음식 섭취 장애(회피 또는 제한)로 인해, 개인의 요구에 맞는 충분한 영양과/또는 에너지 섭취가 지속적으로 이루어지지 않아 다음 중 하나 이상이 나타남: 상당한 체중 감소(또는 아동이나 청소년기 예상 체중 증가 실패). 상당한 영양 결핍으로, 영양을 위해 튜브나 경구 영양보충제에 의존. 사회적, 직업적 기능에 현저한 방해.

B. 음식 부족이나 문화적으로 인정되는 관행으로 인한 것이 아님.

C. 신경성 식욕부진증(Anorexia Nervosa)이나 신경성 폭식증(Bulimia Nervosa)처럼, 체형이나 체중에 대한 왜곡된 인식만으로는 잘 설명되지 않을 때.

D. 다른 의학적 질환이나 정신질환으로 설명되지 않으며, 동반 질환이 있더라도 음식 섭취의 불편함 정도가 별도의 주의를 요할 만큼 심각해야 함.

❤ 마음을 만져주는 따뜻한 햇살 같은 말

"너무 힘들지? 네가 얼마나 압박을 느끼고 있는지 느껴져."
"넌 네 외모 이상으로 소중한 존재야."
"음식을 먹는 건 살을 찌우는 게 아니라, 네 몸을 지켜주는 일이야."
"너는 사랑받을 자격이 있는 사람이야. 지금 모습 그대로도 충분해."
"무엇보다 네가 아프지 않았으면 해. 네 몸은 네 편이야."

❤ 이런 말은 마음을 다치게 해요

"그렇게 말랐는데 뭘 더 빼려고 해?"
"왜 이렇게 예민해졌니?"
"다 너 잘되라고 하는 말이야."
"그만 좀 해. 다 쓸데없는 짓이야."

상처로 말하는 아이들,

아픔을 통해 도움을 노래해요

　　　　　　　　　　　늘 조용하고 얌전한 수진이(가명, 고1)는 어느 날부턴가 앞머리 쪽이 눈에 띄게 비어 보였다. 처음엔 단순한 스트레스성 탈모인 줄 알았는데, 알고 보니 자신이 머리카락을 뽑고 있었다. "공부하려고 앉으면 가슴이 답답해져요. 모르는 문제라도 나오면 저도 모르게 머리를 뽑아요. 그러면 순간 좀 시원한 느낌이 들기도 해서 습관이 돼버렸어요." 완벽주의인 수진이의 자해는, 부모의 기대와 학업 압박 속에서 불안을 달래려는 몸부림으로 시작되었다.

　예진이(가명, 중3)는 늘 담담하고 감정을 잘 드러내지 않는 아이였다. 그런데 어느 날 체육 시간에 소매가 올라간 순간, 선생님은 그녀의 팔에 남겨진 가느다란 흉터들을 발견했다. "너무 힘든 날이었는데, 소리 내서 울 수도 없고, 누구한테 말할 수도 없어서… 그냥 펜 끝으로 그었어요. 그러면 잠깐은 머릿속이 멈추는 것 같아요." 예진은 친구 관계에서 깊은 소외감과 외로움, 비교 감을 느끼고 있었다. 특히 SNS 속 행복해 보이는 또래들과 자신을 비교하며 '나는 쓸모없는 존재야'라는 생각에 빠져버렸고, 그 절망이 결국 자해로 이어진 것이었다.

　지우(가명, 고2)의 손끝은 늘 거칠고 상처투성이였다. 늘 손톱으로 손바닥과 손목을 할퀴며 불안을 달래곤 했다. "선생님, 이건 진짜 자해가 아니에요. 그냥 습관이에요. 마음이 너무 복잡할 때 이렇게 하면 좀 편해져요." 부유한 학군 속에서 지우는 늘 상대적 박탈감을 느꼈다. 방학마다 해외여행이 일상인 친구들 곁에서, 싱글맘 가정의 지우는 자신의 현실을 감추려 애썼다. 늘 힘겨워하는 엄마에게 마음의 어려움을 털어놓을 수도 없었다. 결국 지우는 마음속 고통을 자해라는 방식으로만 드러내게 되었다.

아이들은 왜 자해를 할까? 이유는 다양하다. 분노, 슬픔, 공허, 자기혐오 같은 부정적 감정을 말로 표현하지 못할 때, 불안이 줄어들지 않을 때, 무감각한 공허 속에서 '살아있음을' 확인하고 싶을 때, 혹은 자신을 벌주고 싶거나, 누군가의 관심과 도움이 절실할 때 아이들은 몸에 상처를 내는 것으로 그것을 표현하기도 한다. 자해는 그저 '주의를 끌기 위한 행동'이 아니라, 마음의 고통을 전하는 절박한 언어다.

따라서 자해는 비난으로 대할 수 없는 주제다. "왜 그랬니?"라는 질책보다, "많이 힘들었구나"라는 공감이 아이를 살린다. 아이들이 안전한 방식으로 감정을 표현할 수 있도록 글쓰기, 그림, 음악, 운동 같은 대안을 마련해주는 것도 필요하다. 그리고 무엇보다 중요한 것은 가정, 학교, 친구 관계에서 아이가 겪는 근본적인 어려움을 살피는 일이다. 자해는 꼭 죽음을 원하는 행동은 아닐 수 있지만, 자살 위험과 연결될 수도 있기에, 부모와 어른들의 세심하고 진지한 관심이 무엇보다 절실하다.

💜 마음을 만져주는 따뜻한 햇살 같은 말

"상처를 내지 말고, 그냥 말로 표현해보자. 무슨 말이든 괜찮아."

"네가 그런 선택을 할 만큼 힘들었다는 걸 알아."

"자해를 멈춘다고 갑자기 괜찮아지지 않을 수도 있어. 감정을 천천히 풀어가 보자."

"많이 힘들었구나. 그렇게까지 아팠던 너의 마음을 몰라서 미안해."

"상처를 봤을 때 놀라긴 했지만, 너에게 무슨 일이 있었는지 알고 싶어."

"지금 당장은 어떻게 멈추는지 몰라도 괜찮아. 함께 방법을 찾아가자."

"나랑 약속 하나만 해줄래? 다음에 또 그런 충동이 느껴지면 나에게 먼저 알려주겠다고."

"도움받는 건 약한 게 아니라, 용기 있는 행동이야. 엄마(아빠)가 함께 할게."

💜 이런 말은 마음을 다치게 해요

"도대체 왜 이런 짓을 해?"

"아이고, 이러다 진짜 큰일 나겠네!"

"매일 SNS만 하니까 그런 걸 배우잖아?"

"그만해! 정신 차려!"

"우리 가족 망신이야, 이런 일 어디서도 말하지 마."

"다 유별난 너 때문이야. 우리도 힘들어."

내가 낯설어요,

익숙한 세상 속 낯선 나

대학생 수잔(가명, 19세)은 몇 주 전부터 자신이 자신 같지 않은 낯선 마음으로 인해 극심한 불안을 겪고 있었다. 최근 몇 주간 시험과 과제, 아르바이트, 치어리딩 연습까지 겹쳐 수잔은 거의 매일 하루 세네 시간도 채 못 자고, 식사도 제대로 못 했다. 그러던 어느 날부터, 수업이나 대화 중 갑자기 '이게 정말 현실일까?' 하는 생각이 밀려왔고, 몸과 마음이 따로 떨어져 있는 듯한 이질감을 느꼈다. 교수님의 질문에 손을 드는 자신의 모습조차 마치 스크린 속 낯선 사람처럼 느껴졌다.

기숙사 거울에 비친 자기 얼굴을 바라보며 "이게 정말 나일까?" 하는 생각이 들 때마다, 수잔은 자신이 미쳐가고 있는 것 같은 두려움에 휩싸였다. 당연히 공부에 집중이 안 돼 결국 성적까지 떨어졌다. 활발하고 외향적이던 수잔은 점점 외출을 줄이고, 기숙사 방에 틀어박혀 있는 시간이 늘어났다. 다행히 환각이나 망상 같은 정신병적 증상은 나타나지 않았다.

수잔은 해리성 장애(Dissociative Disorders)의 일종인 이인증/비현실감 장애(Depersonalization/ Derealization Disorder)를 겪고 있는 것으로 보였다. 해리성 장애는 감당하기 힘든 정서적 고통 속에서, 무의식이 나를 '분리시켜 보호하려는' 일종의 '생존 전략'이다. 청소년기나 아동기에는 정서적 학대나 따돌림 같은 트라우마, 혹은 극심한 스트레스 상황에서 '마음이 버티기 위해' 현실을 분리하거나 도망치는 심리적 방어 기제이다. 수잔에게 나는 먼저 이인증/비현실감 장애에 대해 설명해 주었다.

"마음이 힘겨운 시간을 지나는 과정에서 이런 낯선 경험이 나타날 수 있어. 수잔, 하지만 이것이 미쳐가는 증거는 아니야." 이 말을 들은 순간, 수잔은 눈시울을 붉히며 안도의 한숨을 내쉬었다. 무슨 일인지 알 수 없어 두려웠던 마음에 '설명할 수 있는 이름'이 있다는 것만으로도 큰 위로가 된 것이다.

이후 수잔은 인지행동치료와 약물 치료를 병행하며, 과도하게 벅찬 스케줄을 좀 줄이고 스스로를 돌보는 시간을 더 가지기 시작했다. 그 과정 속에서 수잔은 서서히 현실감을 되찾아 갔다.

특히 이인감이 찾아올 때, 현실 접촉 훈련(Grounding TechniQues)과 마음 챙김(Mindfulness) 기법이 큰 도움이 되었다. 예를 들어, 5-4-3-2-1 감각 기법은 지금 보이는 것 다섯 가지, 만져지는 것 네 가지, 들리는 소리 세 가지, 맡아지는 냄새 두 가지, 맛 하나를 차례로 인식하는 훈련이다. 차가운 물에 손을 담그거나 얼음을 쥐는 것, "나는 지금 방 안에 있고, 2025년 8월이며, 책상 앞에 앉아 있다"라고 현재를 말로 확인하는 것도 수잔에게 효과가 있었다.

이런 작은 연습들이 "나는 지금 여기 있다"는 확신을 회복하게 도와주면서, 수잔의 마음은 조금씩 안정을 찾았다.

해리성 장애(Dissociative Disorders)는 어떻게 알 수 있나요?(DSM-5)
1. 이인증/비현실감 장애(Depersonalization/Derealization Disorder)

: '내가 아닌 것 같은' '현실이 꿈처럼 느껴지는' 경험 반복

지속적/반복적인 이인증: 자기 자신이나 자신의 감정, 감각, 행동이 낯설고 분리된 느낌 혹은 비현실감: 주변 환경이 비현실적, 꿈처럼, 안개 낀 것처럼 느껴짐 현실 검사 능력은 유지됨(헛것을 보진 않음) 일상생활에 임상적으로 큰 고통이나 장애 유발

2. 해리성 기억상실(Dissociative Amnesia): 스트레스 상황 이후 중요한 개인적 기억이 갑자기 사라짐

3. 해리성 정체감 장애(Dissociative Identity Disorder): 둘 이상의 뚜렷한 성격 상태('다중 자아')가 교대로 나타남. 보통 심각한 아동기 외상이 배경이 되는 경우가 많음

🌱 마음을 만져주는 따뜻한 햇살 같은 말

"혼란스러울 수 있어. 너의 경험을 있는 그대로 존중할게."

"너무 무리한 스케줄인거 같아. 활동을 좀 줄이고 너를 돌보는 시간을 가져보자."

"내가 여기 있어. 네가 어떤 상태이든 너는 혼자가 아니야."

"어떤 느낌인지 말로 설명하기 힘들어도 괜찮아. 그냥 곁에 있어 줄게."

"네가 원하는 속도로 이야기해도 돼. 나는 기다릴 수 있어."

🌱 이런 말은 마음을 다치게 해요

"네가 너 같지 않다니, 그게 말이 돼?"

"도대체 왜 그러는 거야?"

"그런 엉뚱한 생각은 그냥 털어버려."

"그건 그냥 네 상상 아니야?"

"이런 일이 정신과 갈 만큼 심각한 일이야?"

사랑과 반항 사이, 부모에게
날아간 분노의 화살

내가 거주하는 뉴저지에는 아동 돌봄 시스템(NJ Children's System of Care, CSOC)이라는 주 정부 프로그램이 있다. 이 프로그램의 중앙 창구 역할을 하는 곳이 바로 PerformCare(1-877-652- 7624)이다. 부모나 보호자는 '주 7일 24시간' 언제든지 전화를 걸어, 21세 미만 자녀의 폭력이나 등교 거부 같은 행동 문제, 발달 장애, 약물 문제 등 다양한 상황에 맞는 서비스를 연결받을 수 있다. 보험 유무, 소득 수준, 이민 신분에 상관없이 누구나 무료로 이용할 수 있고 요청하면 한국어 통역사도 연결해준다.

PerformCare는 전화를 받으면 지역 정신 건강 단체(버겐 카운티의 경우 Bergen's Promise)와 협력해 24/7 긴급 위기 대응 서비스를 제공한다. 무엇보다 집으로 찾아가 서비스를 제공함으로, 아이가 익숙한 환경에서 치료를 받을 수 있어 거부감이 적다. 또한, 위기 상황을 현장에서 즉각 다룰 수 있다는 점에서 효과적이다. 최근 이 프로그램의 부모 코칭을 돕게 되면서 다양한 가정의 부모와 아이들을 만나고 있다. 그런데 도움을 필요로 하는 가정의 아이들, 아, 예상대로 대부분 10대분들이다!

10대들의 적대적 행동은 단순히 반항심에서 비롯된 것 같아 보이지만, 때로는 이렇게 전문가의 도움이 필요할 만큼 심각한 문제 행동으로 발전하기도 한다. 품행장애(Conduct Disorder, CD), 적대적 반항장애(Oppositional Defiant Disorder, ODD), 그리고 간헐적 폭발 장애(Intermittent Explosive Disorder, IED) 같은 것들이다.

요즘 매일 내 마음속을 맴도는 질문이 하나 있다. "부모를 향한 아이들의 적대감은 단순한 반항일까? 분노일까? 아니면, 사실은 사랑의 또 다른 표현일까?"

문제 행동 뒤의 진짜 이야기,

거칠게 드러난 SOS

앤디(가명, 중3)는 또래를 괴롭히고 폭력을 행사한다. 학교 옆 대형 슈퍼에서 물건을 훔친 적도 있고, 엄마 차를 면허도 없이 몰래 몰다가 경찰에 적발되기도 했다. 이것 때문에 부모님과 법원까지 가야 했고, 면허 취득할 수 있는 날짜도 1년이나 늦춰졌다. 하지만 앤디는 신경도 안 쓴다. 밤늦게까지 집에 들어오지 않거나 며칠씩 가출해 경찰 도움으로야 돌아오는 경우도 있었다. 학교에서는 무단결석이 잦고, 교사에게 대놓고 반항하며 규칙을 고의로 어기기 일쑤다.

이 모습은 단순한 사춘기 반항이 아니라 품행장애(Conduct Disorder, CD)의 전형적 모습이다. 타인의 권리를 침해하고, 사회적 규범이나 법을 반복적으로 위반하며, 주변 사람들에게 심각한 피해를 주기 때문이다. 이 행동 패턴은, 고쳐지지 않고 지속될 경우 만 18세 이후에는 반사회적 성격장애(Antisocial Personality Disorder)로 이어질 위험성이 있는 심각한 행동 장애이다.

품행장애를 가진 청소년 치료에서는 무엇보다 가족치료가 핵심이다. 청소년의 품행 문제는 가정 내 갈등, 부모의 일관되지 않은 양육태도나 스트레스 등과 밀접하게 연결되어 있어서, 부모와 자녀가 함께 참여하는 치료가 효과적이다. 부모가 적절한 규칙과 일관성 있는 한계(바운더리)를 세우고, 긍정적인 행동에는 강화와 칭찬을 제공하면서, 부적절한 행동에는 그로 인한 결과(Consequences)를 체험하게 해야 한다. 동시에 부모, 자녀 간의 의사소통과 신뢰 관계를 회복하는 것도 중요한 목표이다.

개인 치료로는 인지행동치료가 효과적이다. 자신의 왜곡된 사고방식과 충동적인 행동 패턴을 수정하고, 분노 조절 기술과 문제 해결 능력을 배우도록 돕는다. 또래 관계에서도 긍정적인 소셜 스킬을 통해 공격적이고 반사회적인 행동을 줄이는 것이 필요하다. 결국 품행장애 치료는 문제 행동을 줄일 뿐 아니라, 가족이나 또래와 건강한 관계를 맺고 성인기로 안정적으로 전환할 수 있도록 돕는 중요한 과정이다.

품행장애(Conduct Disorder, CD)는 어떻게 알 수 있나요?(DSM-5)
A. 아래 15개 행동 중 지난 1년 동안 최소 3개 이상, 그리고 지난 6개월 동안 최소 1개 이상이 존재할 때

사람 · 동물에 대한 공격성: 괴롭힘, 싸움, 무기 사용, 신체적 잔인함, 강도, 성적 강요

재산 파괴: 방화, 고의적 파괴행위 사기, 도둑질: 침입, 거짓말, 절도

심각한 규칙 위반: 야간 외출 금지 위반(13세 전), 무단가출, 무단

결석

B. 임상적으로 의미 있는 사회적, 학업적, 직업적 기능 손상.

* 10세 미만에 위의 행동 중 최소 1개 보이는 경우 아동기 발현형(Childhood-onset Type)으로 부름)

싫다고 말하는 아이, 사랑을 확인하는 아이

　　　　　　　지현(가명, 13세)은 반항으로 하루를 시작해 반항으로 하루를 마무리하는 사춘기 소녀다. 엄마가 "방 좀 치워"라고 말하면 일부러 더 어질러 놓고, 아빠가 "숙제는 했니?"라고 묻는 순간 책을 덮는다. "내 맘이야, Leave me alone! 제발 간섭 좀 하지 마!"라고 소리치는 게 요즘 지현이의 일상이다. 학교에서도 선생님과 잦은 갈등을 빚으며, 자기 발표 순서에는 "하기 싫어요!"라고 대꾸하면 그만이다. 친구들 기분을 너무 상하게 해 친구도 몇 명 안 남았다. 부모님은 이제 지현이에게 말 걸기가 두렵다.

　지현의 경우 품행장애 경우처럼 절도나 폭행 같은 심각한 법적 행동은 없다. 하지만, 짜증, 반항, 고집이 일상에서 반복되면서 부모나 교사 같은 권위자와 지속적인 갈등을 만든다. 적대적 반항장애(Oppositional Defiant Disorder, ODD)의 모습이다.

　적대적 반항장애는 TV에서 보는 '금쪽이'들처럼 10세 미만 어린이에게도 나타날 수 있다. 아동기 적대적 반항장애는 어려서 지나친 공격성이나 범법 행동까지는 없더라도, 방치하면 청소년기 품행장애로 이어질 위험이 있어 반드시 치료가 필요하다. 특히 10대 자녀의 적대적 반항장애는 부모를 아주 힘들게 하고 가족 관계에 심각한 갈등을 일으킨다.

적대적 반항장애의 경우도 가장 중요한 것이 부모 교육이다. 무엇보다, 아이가 적대적이고 반항적인 행동을 할 때, 부모가 감정적으로 반응하지 않아야 한다. 감정적으로 반응하는 순간, 부모로서 지도할 기회는 끝나버린다. 품행장애와 마찬가지로 적대적 반항장애도, 명확한 행동의 바운더리 설정, 그리고 부적절한 행동을 했을 때 그에 대한 결과를 체험하게 하는 것이 핵심이다. 동시에 긍정적인 행동은 칭찬과 격려로 강화한다.

의사소통을 개선하여 가족 내 갈등을 줄이고 안정된 가정 분위기를 만드는 것, 그리고 역시 인지행동치료를 통해 왜곡된 사고를 교정, 분노나 좌절 상황에서 감정을 조절하는 기술을 배우는 것이 도움이 된다. 또래 관계에서도 반항적인 태도 대신 협력, 양보, 건강한 자기주장 같은 소셜 스킬을 사용하도록 돕는다.

적대적 반항장애(Oppositional Defiant Disorder, ODD)는 어떻게 알 수 있나요?(DSM-5)

A. 최소 6개월 이상 아래 증상 중 4개 이상, 그리고 그 중 하나 이상
분노, 과민성: 자주 화냄, 쉽게 짜증, 예민함
논쟁이나 반항: 성인과 자주 언쟁, 규칙을 거부하거나 불이행, 고의적인 짜증 유발

앙심이나 보복성: 앙심을 품음, 보복적 태도
B. 사회적, 그리고 학업에 손상을 입힘
C. 정신병적 장애, 약물(substances) 사용, 기분장애, 해리장애로 인한 것이 아님.

멈출 수 없는 화산,
폭발을 마주하는 용기

민수(가명, 15세)는 평소에는 부모와 함께 웃고 대화도 잘 나눈다. 그러나 어떤 순간에는 부모의 작은 말 한마디가 거대한 불씨가 되어 폭발한다. 숙제를 하라는 말에 얼굴이 붉어지며 고함을 지르고, 방문을 세차게 닫아버린다. 몇 분이 지나면 후회와 죄책감이 밀려와 미안하다고 하지만, 가족에게 그는 언제 폭발할지 모르는 활화산 같은 존재다. 최근에는 동생이 방에 들어와 컴퓨터를 건드렸다는 이유로 물건을 던지고 동생을 밀쳐 다치게 했다. 지난주에는 엄마가 스마트폰 사용 시간을 늘려주지 않자, 소파에 올라가 엄마를 향해 뛰어내려 엄마가 크게 다칠 뻔했다.

우리가 흔히 '분노 조절 장애'라고 부르는 간헐적 폭발 장애(Intermittent Explosive Disorder, IED)의 모습이다. 성인에게도 종종 있는 이 간헐적 폭발 장애를 가진 아이는, 화를 낼 일이 아닌 사소한 자극에도 갑작스럽게 분노를 폭발시키며, 그 순간 스스로를 통제하지 못한다. 그러나 다른 행동 장애와는 달리 곧 후회와 죄책감을 드러내는 것이 특징이다. 단순한 반항이나 성격 문제가 아니라, 충동 조절의 어려움과 정서 조절 능력의 미성숙에서 비롯된 현상임을 알 수 있다.

이 경우에도 가장 중요한 것은 부모가 감정적으로 맞대응하지 않고, 아이가 차분해진 뒤에 대화를 시도하는 것이다. 이러한 분노 폭발의 특징은, 분노가 상황에 비해 과도하며, 계획되지 않은 충동적 행동이라는 것이다. 따라서 분노를 예방하고 조절하는 기술을 반드시 가르쳐야 한다. 호흡 훈련, 분노 현장을 잠시 떠나는 타임아웃(time-out), 감정 일기 쓰기, 말로 표현하기 훈련 등이 효과적이다.

청소년기의 간헐적 폭발 장애 치료는 단순히 화를 참게 하는 것이 아니라, 분노의 원인을 이해하고 건강하게 표현하고 조절하도록 돕는 과정이다. 가장 많이 활용되는 방법은 인지행동치료로, 자신에게 분노를 유발하는 핵심 신념이나 왜곡된 자동사고 패턴을 스스로 인식하고 건강한 생각으로 대체할 수 있도록 훈련한다.

간헐적 폭발 장애(Intermittent Explosive Disorder, IED)는 어떻게 알 수 있나요?(DSM-5)

A. 충동적 분노 폭발이 다음 중 하나로 나타남: 언어적 공격(고함, 욕설) 또는 물리적 공격이 주 2회 이상, 3개월 지속(신체적 손상·파괴 없음). 재산 파괴, 신체 손상, 공격이 12개월 내 3회 이상.

B. 폭발이 상황에 비해 심각하게 과도함.

C. 공격은 충동적/분노 우발적이고, 사전 계획적이 아님.

D. 임상적으로 의미 있는 고통 또는 직업·사회 기능 손상.

E. 나이 또는 발달 수준이 6세 이상.

F. 다른 정신질환, 의학적 질환, 약물이나 물질 효과로 설명되지 않음.

아이와 함께 걷는 길, 부모의 물음:

	반항장애(ODD)	간헐적 폭발장애(IED)	품행장애(CD)
핵심 특징	권위(부모, 교사 등)에 대한 반항, 짜증, 불순종	사소한 자극에도 갑작스러운 분노 폭발, 충동적 공격	타인 권리, 사회규범 반복적 위반반사회적 행동
행동 양상	잦은 짜증, 화, 어른에게 말대꾸, 규칙 거부, 일부러 괴롭힘	언어적 폭발(고함, 욕설) 신체적 공격(물건던짐, 사람 밀침) 몇 분내 진정한 후 후회	폭력, 괴롭힘, 절도, 방화, 파괴, 무단가출, 상습적 규칙 위반
공격성 성격	주로 말싸움, 저항적 태도	즉흥적, 충동적 폭발 (사건 크기에 비해 과도)	계획적 의도적 폭력까지 포함
사후 반응	후회, 죄책감 가능 종종 타인 탓	후회, 죄책감 자주 보임 "왜 그랬는지 모르겠다."	죄책감 부족 피해자에 무감각
시작연령	아동 후반~청소년 초기 보통 13세 미만	청소년기~성인 초반	아동기(10세 이전) ~청소년기
예후	일부 품행장애로 발전 위험	치료, 훈련 시 조절 가능	성인기 반사회적 성격장애로 발전 위험

Q 반항장애, 간헐적 폭발 장애, 품행장애는 어떻게 다른가요?

10대의 마음은 종종 폭풍과 같다. 품행장애, 반항장애, 폭발 장애라는 모습으로 부모에게 거칠게 맞서는 20대 "금쪽이"들의 행동 뒤에는 종종 '밀어내면서도 다가오고 싶은 마음'이 숨어 있다. "싫어"라고 외치며 반항적으로 부모에게 맞서는 모습 뒤에는 인정받고 싶고 존중받고 싶은 아직 다 자라지 못한 마음이 숨어 있다.

"크면 좋아지지 않을까요?" 그랬으면 정말 좋겠다! 물론 크면서 좋아지는 경우가 없지는 않다. 하지만 대부분 문제 행동은 기다린다고 해서 '무조건' 없어지지는 않는다! 어려서 하던 '금쪽이' 짓을 10대, 20대에게서도 하면서 부모를 힘들게 하는 경우를 불행히도 많이 본다.

아무것도 안하고 그 힘든 시기를 고스란히 겪는 대신, 아이들에게 이 시기 부모가 해주어야 할 역할을 '힘들어도 제대로' 해주는 것만이 결국 답이다. 구체적인 방법들은 이후 챕터들에서 설명될 것이다.

폭풍 속의 나침반 -
아직 공사 중인 10대의 뇌

10대 자녀를 둔 부모들은 한결같이 '어느 날 갑자기' 아이가 변했다고 말하곤 한다. 어제까지만 해도 순하고 말 잘 듣던 아이가, 어느 순간 낯설게 느껴질 때 부모는 당황한다. 그러나 아이가 갑자기 변하는 것은 아니다. 미국 국립 정신건강연구소 제이 기드 박사의 뇌 연구는, 그동안 단순히 호르몬의 영향으로만 여겨졌던 10대들의 행동을 이해하는 데 큰 도움을 준다.

뇌는 뒤에서부터 앞쪽으로 발달한다. 그중에서도 가장 마지막까지 다듬어지는 부위가 이마 바로 뒤 전전두엽 피질(prefrontal cortex)이다. 전전두엽은 '뇌의 CEO'라고 불리는데, 계획을 세우고, 우선순위를 정하고, 충동을 억제하며, 행동하기 전 결과를 예측하는 기능을 담당하기 때문이다. 앗, 이 순간, 이와 정반대로 행동하는 우리 10대들이 마구마구 떠오른다!

아이가 부족하거나 게을러서가 아니다. 전전두엽이 아직 성숙 과정에 있기 때문이다. 전전두엽은 뇌에서 가장 늦게 발달하는 부위로, 보통 만 25세가 되어야 완성된다고 알려져 있다. 더구나 10대의 뇌에서는 시냅스 가지치기가 활발히 이루어지기 때문에 전전두엽의 발달이 상대적으로 더 느려진다. 문제는 감정을 담당하는 편도체(amygdala)가 10대에 아주 빠르게 발달한다는 것이다.

편도체는 음식, 성적 자극, 미적이나 관능적 자극에도 민감하게 반응한다. 전전두엽은 미성숙한 반면, 편도체는 강렬하게 작동하기 때문에 10대들은 이성보다 감정에 크게 의존하게 된다. 우리 10대 아이들의 감정이 롤러코스터처럼 오르내림을 계속하고, 이성은 잠시 출장 보낸 듯 감정에만 예민하고 충실한 이유이다. 앞뒤 결과를 연결하여 생각하지 못하고 즉각 충동적으로 행동하는 10대들의 아슬아슬함은, 이렇게 생물학적으로 보면 어쩌면 정상적이라고 해야 하나!

이 시기의 자녀를 지도하는 부모는 무엇보다 뇌 발달 과정을 이해해야 한다. 이미 부모보다 훌쩍 커버린 아이들이지만, 그들의 전전두엽은 '여전히 공사 중'임을 잊지 말아야 한다. 이때야말로 자녀와 더 많은 대화를 나누고, 의견을 존중하며, 적절한 조언과 지도를 함께 건네야 한다. 다양한 사회적 경험과 규칙적인 수면, 꾸준한 신체 활동은 뇌 발달에 큰 도움이 된다. 부모와 함께 걷고 대화하는 시간이 아이의 창의력을 키우고, 불안과 우울을 완화하며, 자존감을 높인다는 연구 결과도 있다.

부모님께 드리는 말씀

　10대의 마음은 불꽃처럼 뜨겁고, 바람처럼 흔들립니다. 부모의 자리도 덩달아 그만큼 요동칠 때가 많습니다. 그러나 기억해야 합니다. 아이의 혼란과 거친 감정은 누구의 잘못도 아니고, 성장의 길 위에서 누구나 겪는 자연스러운 과정이라는 것을요. 아이가 분노할 때, 눈물을 흘릴 때, 마음의 문을 닫을 때도, 부모님의 사랑과 기다림은 그 어떤 것과도 바꿀 수 없는 안전한 울타리가 됩니다.

　부모님 눈에 '어느 날 갑자기' 변해버린 듯한 우리 10대 자녀들은 지금 이렇게 말하고 있는지도 모릅니다. "엄마, 아빠, 저를 너무 외계인처럼 보지 말아주세요. 지금 제 뇌 속에서 많은 변화가 일어나고 있어요. 제 나이에는 겪어야 하는 과정인데, 저도 힘들어요. 그러니 저를 조금 더 이해해주고, 함께 이 시기를 지나가게 도와주세요!"

슬기로운 감정소통

아이와 부모, 마음의 다리 놓기

"감정은 결코 나쁜 것이 아니다. 오히려 우리에게 주어진 귀한 선물이며, 마음을 이어주는 다리이다. 관계가 무너지고 힘들어지는 가장 큰 이유는 감정이 제대로 '소통'되지 못하기 때문이다. 감정은 숨겨야 할 것도, 억누르며 버텨야 하는 것도 아니다. 전해져야 하고, 흘러야 하며, 통해야 한다. 끝없이 참다가 결국 병이 되거나, 아니면 한순간에 폭발하여 관계를 무너뜨리면 안 된다."

아이와 부모가 힘들어지는 것은 서로 엇갈리는 감정의 파도와 마주할 때다. 결코 사랑이 부족해서가 아니다. 오히려 누구보다 사랑하기에, 사랑이 깊기에, 그만큼 더 아프고 더 무거운 상처로 다가오는 것이 부모와 자녀 사이다.

"선생님, 학교 간 아이가 집에 돌아오지 않았으면 좋겠다는 생각이 들었어요. 세상에 이런 나쁜 엄마가 있을까요?"

얼마나 지치고 아프고 힘들었으면! 그 엄마의 슬픈 눈빛을 생각하면 지금도 가슴이 먹먹해진다.

감정은 결코 나쁜 것이 아니다. 오히려 우리에게 주어진 귀한 선물이며, 마음을 이어주는 다리이다. 관계가 무너지고 힘들어지는 가장 큰 이유는 감정이 제대로 '소통'되지 못하기 때문이다. 감정은 숨겨야 할 것도, 억누르며 버텨야 하는 것도 아니다. 전해져야 하고, 흘러야 하며, 통해야 한다. 끝없이 참다가 결국 병이 되거나, 아니면 한순간에 폭발하여 관계를 무너뜨리면 안 된다.

이 챕터에서는 마음의 다리를 끊어놓는 분노를 다스리는 길, 마음이 전해지는 따뜻한 대화법, 그리고 사랑의 다섯 가지 언어를 통해 슬기롭게 감정을 소통하고 관계를 회복하는 방법을 살펴보고자 한다. 슬기로운 감정 소통은 부모와 자녀 사이, 그 가깝고도 먼 거리를 평생 함께 걸어가는데 가장 소중한 열쇠다.

앵그리맘, 웃음과 분노 사이
다양한 날갯짓

상담에서 가장 자주 나오는 주제 중 하나는 '화'다. 특히 아이와 긴 시간을 함께하는 엄마들은 입을 모아 말한다. 아이에게 화를 내고, 곧바로 미안해하며, 다시 화를 내는 주기가 반복되는 것이 너무나도 힘들다고. 내 눈에는 그저 순진무구하고 예쁘기만 한 아이들인데!(물론 나는 상담 50분 동안만 아이를 만난다!)

세미나에서 만났던, 어려서부터 미국서 자란 한 젊은 엄마가 생각난다. 화가 나면 목소리는 점점 커지고 순간적으로 감정을 다스릴 수가 없다고 했다. 결국 어느 날 화가 난 엄마를 피해 방으로 들어가는 아이를 방에까지 따라가며 소리를 지르는 자신의 모습에 너무 충격을 받았다고 고백했다.

그 이야기를 들으며 내 마음에 떠오른 것이 만화 영화 속 '앵그리 버드'를 닮은 '앵그리맘'이었다. 사랑하기 때문에 더욱 지치고, 잘하고 싶어 더욱 힘든, 그래서 화와 미안함 사이에서 끝없이 괴로워하는 우리 앵그리맘들의 모습, 이 여섯 가지 앵그리 버드 캐릭터는 신기하게도 실제 우리 부모들의 모습과 아주 많이 닮아 있다.

레드(Red)는 앵그리 버드의 주인공급 새다. 인내심이 부족하고, 늘 긴장으로 가득하다. 화가 난 표정을 하고 있지만, 사실은 누구 보다 앞장서서 다른 새들을 이끌고, 위험 앞에서는 주저 없이 쌩 날아가 몸을 던져 부딪히는 리더다.

레드형 부모는 늘 긴장된 리더처럼 예민하고 쉽게 화가 난다. 아이의 작은 행동에도 금방 반응하며, 항상 지켜보고 관리한다. "그건 안 돼!", "왜 그렇게 해?" 이렇게 아이를 꼼꼼히 지켜보고, 위험을 미리 막아주려는 책임감은 소중한 자산일 수 있다. 그러나 지나친 긴장과 잦은 지적은 아이를 위축시키고, 자신감을 잃게 만든다.

그래서 레드형 부모에게 필요한 것은 '여유'다. 팽팽하게 당겨진 고무줄처럼 긴장만 하지 않고, 때로는 힘을 빼고 아이를 믿어주는 '따뜻한 말과 격려'가 필요하다. 부모의 날 선 지적보다 "괜찮아, 잘하고 있어"라는 응원의 한마디가 아이에게는 큰 힘이 된다.

척(Chuck)은 노란색 삼각형 모양의 새다. 욱하는 순간 불처럼 치솟고 성격이 급하며 늘 빠르다. 날아가다 순식간에 속도를 올려 번개처럼 돌진하는 것이 특기다. 척형 부모는 늘 바쁘다. "빨리빨리!"라는 말을 자주 던진다. 성격이 급하다 보니 아이의 느린 걸음이 답답하고, 마음은 언제나 다음 일을 향해 달려간다. 척형 부모는 에너지가 넘치고, 아이에게 활력을 불어넣는다. 함께 있으면 분위기가 역동적이고, 아이가 나태해질 틈이 없다. 그러나 자신의 속도를 존중받지 못하는 느낌은 아이로 하여금 불안하거나 뒤처지는 기분을 갖게 할 수 있다. 아이는 빠른 걸음이 아니라, '자기만의 속도'로 걸어가 보는 경험이 필요하다. 잠시 멈추어 서서 "괜찮아, 네 속도로 해도 돼"라고 말해줄 때, 아이는 마음의 평화를 얻는다.

마틸다(Matilda)는 겉으로는 온순하고 평화로워 보이지만, 속에는 언제든 폭발할 수 있는 힘을 간직한 흰색의 커다란 새다. 평소에는 품 넓은 어머니처럼 보살피고 지켜주는 존재이지만, 위기의 순간이 오면 알 폭탄을 던지듯 단호하게 행동한다. 그래서 마틸다는 온화함과 단호함을 함께 지닌 캐릭터로 기억된다.

마틸다형 부모는 평소 따뜻하게 아이를 품어주고 불안할 때는 안정감을 주는 든든한 울타리이다. 필요할 때는 단호하게 "이건 안 돼"라고 말하며 아이가 지켜야 할 경계도 세워준다.

사랑과 규칙을 함께 보여주는 균형 잡힌 부모, 그래서 아이가 안전감을 느끼면서 동시에 질서를 배울 수 있는 부모가 바로 마틸다형이다.

중요한 것은 늘 '따뜻한 품과 단호한 경계의 균형'을 맞추는 일이다. 이렇게 마음을 지켜주는 보호자이자, 올바른 길로 인도하는 안내자 부모 곁에서, 아이는 사랑 속의 질서, 질서 속의 사랑을 배우며 자랄 수 있다.

블루스(The Blues)는 파란 세쌍둥이 형제다. 늘 장난꾸러기 같은 성격이지만, 화가 나면 날아가다 세 마리로 나뉘어 흩어지며 공격한다. 작은 몸집이지만, 함께 힘을 모아 의외의 파괴력을 보여주는 캐릭터다. 블루스형 부모는 아이와 친구처럼 함께 놀고, 유머와 장난으로 집안 분위기를 밝게 만든다. 집 분위기가 무겁거나, 아이가 긴장과 스트레스로 눌려 있을 때, 블루스형 부모의 웃음이 아이의 마음을 열어준다. 아이는 이런 부모 곁에서 즐거운 추억을 많이 쌓고, 집을 편안하고 유쾌한 공간으로 기억하게 된다. 그러나 부모가 너무 친구 같기만 하고, 규율이나 책임을 가르쳐주지 않으면, 아이는 부모를 '진짜 어른'으로 존중하지 못할 수도 있다. '웃음과 즐거움'뿐 아니라, '질서와 책임'을 함께 가르쳐주는 균형이 꼭 필요하다.

밤(Bomb)은 검은색의 둥근 새다. 느긋하고 조용해 보이지만, 속에는 언제든 폭발할 수 있는 화산 같은 힘을 품고 있다. 게임에서도, 충돌하거나 시간이 지나면 "펑!" 하고 폭발하며 주변을 한순간에 초토화시킨다.

밤형 부모도 평소에는 차분하고 인내심이 있어 보이지만, 속으로는 감정을 꾹 참고 쌓아두다가 결국 한순간에 "펑!" 하고 크게 터뜨는 부모다. 작은 일에 잘 참을 수 있는 것은 분명 장점이다. 그러나 한 번의 큰 폭발은 아이 마음에 오래 남는 깊은 상처가 되기도 한다.

그래서 밤형 부모에게 필요한 것은 '작은 감정'을 그때그때 표현하는 연습이다. 서운할 때 "엄마가 지금 조금 힘들어"라고 솔직히 말하고 대화를 통해 감정을 풀어가는 것이다. 그렇게 하면 아이는 부모의 진짜 마음을 더 잘 이해할 수 있고, 큰 폭발을 두려워하지 않고 부모 곁에 머물 수 있다.

테렌스(Terence)는 레드와 닮았지만, 몸집이 훨씬 크고 무거운, 거

대한 빨간 새다. 늘 무표정하거나 우울해 보이는 얼굴, 그리고 압도적인 체구와 무게감 때문에 다른 새들도 괜히 긴장하게 만드는 존재다. 말은 거의 없지만, 그 존재만으로도 힘과 위압감을 드러낸다.

테렌스형 부모는 많은 말을 하지 않지만, 무게 있는 태도와 행동으로 아이를 이끈다. 눈빛과 몸짓, 그리고 그저 곁에 있어 주는 존재감 자체가 아이에게는 든든한 울타리가 된다. 그러나 말이 너무 적으면 부모의 감정을 읽기 어려울 수 있다. "아빠는 무슨 생각을 하는 걸까?", "엄마는 나에게 실망한 걸까?"라는 의문이 남을 수 있다. 그렇기에 테렌스형 부모는 아이에게 "사랑한다.", "잘하고 있어" 이렇게 짧아도 따뜻한 말 한마디를 건네는 것이 중요하겠다. 테렌스에게서는 왠지 엄마보단 아빠의 이미지가 더 쉽게 떠오른다.

레드도, 척도, 마틸다도…
우리 안에 있는 부모의 얼굴

나는 어떤 부모일까? 앵그리 버드 캐릭터에 자신을 비춰보며 죄책감과 웃음이 왔다 갔다 할 엄마들이 떠오른다. 나 역시 그중 하나다. 늘 '흠, 나는 마틸다 같은 좋은 엄마지'라며 스스로를 위로했지만, 이제는 성인이 된 두 아들이 '신나게 폭로'하는 나의 과거 모습은 참으로 한심하고 웃픈 이야기투성이다.

23살에 첫 아이를 낳고 26살에 두 아이의 엄마가 된 나의 좌충우돌 양육기를 쓰자면, 또 한 권의 책이 필요할지도 모른다.

내 몸과 마음이 여유로울 때 나는 마틸다처럼 온화했고, 블루스처럼 유머 있는 엄마였다.(대부분 시간을 그렇게 지냈다고 믿고 싶지만, 아마도 방학 때만?) 그러나 남편의 목회와 여러 관계의 무게로 지쳐 있을 때의 나는 화를 잘 내는 레드였고, 때로는 폭발하는 밤이었다. 그런 기억이 전혀 없었던 이유는, 그것을 무의식 깊숙이 눌러두고 부정하며 살아왔기 때문일 것이다.

부모 유형 여섯 가지는 단점만 아니라 사실 상황에 따라 필요한 장점들도 지니고 있다. 마틸다형이 가장 이상적인 듯 보일 수 있지만, 부모마다 기질이 다르고 아이의 성격도 각자 다르다. 그래서 진정한 좋은 부모란 어느 한 유형에 머무는 사람이 아니라, 아이의 필요와 상황에 맞게 다양한 성격을 균형 있게 품어낼 수 있는 부모다.

아이가 무너질 때는 레드처럼 꼼꼼하고 책임감 있는 부모, 게으를 때는 척처럼 에너지와 활력을 불어넣어 주는 부모, 불안을 느낄 때는 마틸다처럼 따뜻하면서도 단호하게 품어주는 부모, 지쳐 있을 때는 블루스처럼 유쾌하고 즐거운 동행자 부모, 감정이 쌓였을 때는 밤처럼 솔직하게 표현해주는 부모, 두려운 일을 앞뒀을 때는 테렌스처럼 말없이 든든히 곁을 지켜주는 부모, 이 모두가 꼭 필요한 '부모의 순간'들이다.

앵그리버드들이 늘 화가 나 있는 이유는 단 하나, 알을 지키기 위해서다. 돼지들이 알을 훔쳐 가면, 새들은 그 알을 되찾기 위해 분노를 터뜨리고 끝까지 쫓아간다. 그들에게 알은 미래고, 생명이며, 가장 소중한 보물이다. 부모가 아이에게 화를 내는 순간도 마찬가지다. 소중한 보물인 우리 아이가 잘못된 길로 가지 않기를 바라는 마음,

위험에서 지켜내고 싶은 사랑 때문에 목소리가 커지고 감정이 앞서게 된다.

그런데, 부모가 아이에게 화를 내게 되는 이유는 과연 사랑 하나뿐일까? 우리가 마주하지 못한 또 다른 이유는 없는 것일까?

같은 불, 다른 불씨

윤정(가명, 39세) 씨는 오늘 하루 직장에서 큰 스트레스를 받았다. 중요한 보고서를 준비했지만, 상사의 갑작스러운 지시 변경과 부정적인 피드백에 시달렸다. 회의 중에는 동료의 실수를 대신 수습하느라 점심도 건너뛰었다. 퇴근길 지하철 안, 눈꺼풀이 무겁게 내려앉았다. 하지만, 집에서는 또 다른 힘든 시간이 윤정 씨를 기다리고 있었다.

현관문을 열자 초등학교 3학년 아들이 거실 한가운데 레고와 교과서를 뒤섞어 놓은 채 TV를 보고 있었다. "너 숙제 다 했어?"라는 엄마의 목소리는 이미 충분히 날카로웠다. 아들이 "아직…"이라고 대답하는 순간, 억눌러 두었던 피로와 짜증이 한꺼번에 터졌.

"왜 그렇게 맨날 말을 안 들어! 엄마가 회사에서 얼마나 힘든 줄 알아?" 윤정 씨의 목소리가 거실을 울렸다. 직장에서 쌓인 압박감과 피로가 작은 자극을 만나 폭발해버렸다. 아들이 굳은 표정으로 TV를 끄고 방으로 들어간 순간, 벌써 '내가 왜 그랬을까? 그냥 좋은 얼굴로 말해주어도 됐을걸….'라는 생각에 눈물이 핑 돌았다.

우리는 왜 앵그리맘이 될까? 아이가 규칙을 어기고 말을 듣지 않을 때, 성적이나 성취가 우리의 기대에 못 미칠 때, 부모의 마음은 자연스레 화로 달아오른다. 그러나 우리가 내는 화가 꼭 아이 때문만은 아니다. 직장에서 보스에게서 받은 억울함, 인간관계 속에서 풀지 못한 상처가 엉뚱하게도 가장 약한 존재인 아이에게 자주 향하기도 한다.

잘 놀고 있던 아이들은 영문도 모른 채, 부모의 날카로운 말에 무차별 폭격을 맞는다.

"방이 이게 뭐니? 빨리 치워!"

"숙제는 했어?"

"내일 시험공부는 했냐구?"

결국 아이들은 우리의 분노를 대신 감당하는 상처 입은 일기장이 되어버린다.

안타까운 것은, 부모가 너무 피곤하고 지쳐 있을 때도 아이들에게 화를 내기 쉽다는 것이다. 교사로, 목회자의 아내로, 새벽기도로 시작해 하루 종일 쉴 틈 없이 동동대다 집에 돌아오면, 저녁 준비와 또 다른 교회 일들이 기다리고 있었다. 그 무게가 너무 벅찰 때면 억울하기도 하고 화가 나기도 했던 어린 사모, 어린 엄마였다. 하지만 그럴 때 방에 들어가 불을 끄고 단 10분, 20분이라도 숨을 고르고 마음을 돌보면, 앵그리맘이 아니라 다시 웃는 얼굴로 아이들을 맞이할 수 있었다.

결국 부모가 화를 내는 이유는 아이의 잘못 때문만이 아니다. 부모의 내면이 지치고 무너져 있을 때, 그 그림자가 아이에게까지 번져간다. 그렇기에 부모가 먼저 자기 정서를 돌보고 건강하게 챙기는 일은 선택이 아닌 필수다. 부모가 건강해야 아이도 건강하다.

그럼 아이들은 왜 부모에게 화를 낼까? 물어보니 많은 아이들이 이렇게 대답했다. "불공평하게 대할 때요." "형제랑 비교할 때요." 부모가 좋은 의도로 건넨 말도 아이에게는 비교로 들려 자존심을 깎고 화로 바꾼다. 특히 이미 다 컸다고 믿는 10대들은 부모의 작은 말조차 간섭처럼 들려, 사소한 말에도 쉽게 불같이 반응한다.

무엇보다 부모가 스스로는 하지 않으면서 아이들에게만 뭘 하라고 할 때, 아이들은 억울하고 화가 난다고 했다. 부모는 아무것도 안 하고 휴대폰을 보거나 TV 앞에 앉아 있으면서 아이들에게는 "공부해라, 책을 읽어라, 운동해라, 방 정리해라" 이렇게 요구할 때, 아이들은 "왜 나한테만?" 이렇게 화가 난다. 속으로, "엄마 아빠 너나 잘하세요" 이럴지도 모르겠다.

그러나 아이들의 화가 꼭 부모 탓만은 아니다. 아이들은 마음이 불안하고 우울하거나, 외롭고 자존감이 낮을 때, 목표를 이루지 못했을 때, 혹은 친구와 선생님 사이에서 갈등이 생겼을 때, 심지어 배가 고프거나 몸이 피곤하고 아플 때도 괜히 화를 낸다. 그리고 그 화는 종종 가장 가까운 존재, 가장 기대고 싶은 존재인 부모를 향한다.

성난 브레인,
그 안에서 벌어지는 일

화를 낼 때, 우리 뇌에서는 어떤 일이

일어날까? 화가 치밀기 시작하면 가장 먼저 편도체가 깜빡 불이 켜지듯 활성화된다. 그러면 교감신경계가 자극을 받아 아드레날린과 코르티솔 같은 스트레스 호르몬이 급격히 분비된다. 동시에 감정을 조절하고 충동을 억제하는 데 중요한 세로토닌과 엔돌핀의 분비는 줄어들면서, '생각의 브레이크' 역할을 하는 전전두엽의 기능이 약해진다. 브레이크가 약해지고 가속페달만 밟히니, 욱하고 화가 폭발하는 것은 당연하다.

더 큰 문제는, 이 과정이 반복될수록 뇌가 분노를 기억하고 학습한다는 점이다. 마치 중독처럼 분노에 익숙해지면서, 처음에는 반응하기까지 0.5초가 걸리던 화가 점점 빨라져 0.1초 만에 터지기도 한다. 아이들은 아직 전전두엽이 미성숙해 충동 조절이 어렵다. 그래서 작은 일에도 쉽게 화를 낸다.

그렇다면 전전두엽이 다 발달한 부모는 왜 분노에 취약할까? 부모의 삶에서 반복되는 스트레스와 피로가 그 브레이크 기능을 약화시키기 때문이다. 그 결과 편도체가 예민해지고 불안과 분노의 회로가 과도하게 자극되면서, 아이의 사소한 행동에도 과도하게 화를 내기 쉽다. 결국 아이들은 '미성숙한 뇌' 때문에, 부모는 '과부하된 뇌' 때문에 화를 참기 힘든 것이다.

분노 조절은 성격만의 문제가 아니다. 뇌의 작용과도 깊이 연결되어 있다는 사실을 기억한다면, 우리는 조금 더 서로를 이해하면서 건강하게 화를 다스리는 길을 찾아갈 수 있다.

아이와 부모,
화를 넘어 마음으로

　　　　　　　　　　아이의 분노를 다루는 첫걸음은, 마음을 있는 그대로 인정해 주는 일이다. "왜 화내니?"라며 같이 화를 내기보다 "네가 속상했구나, 화가 났구나"라고 말해 줄 때, 아이는 감정을 이해받았다는 생각에 마음의 안전함을 느끼고 분노를 가라앉힐 힘을 얻는다.

　아이들은 상황을 한쪽 시선에서만 보고 감정적으로 반응하기 쉽다. 부모가 "왜 화가 났는지"를 구체적으로 물어주고, "...해서 화가 났니?"라고 되물어 주면 아이는 자신의 감정을 더 잘 이해하고 표현할 수 있다. 대답이 바로 나오지 않아도 "준비가 되면 말해줘"라며 기다리는 것이 좋다.

　분노의 생리적 반응도 알아둘 필요가 있다. 스트레스를 받으면 아드레날린은 몇 초 안에 분비되어 약 1분 만에 최고치에 이른다. 이어서 코티솔은 조금 늦게 분비되어 약 10~15분 뒤 최고치를 찍고 서서히 내려온다. 그러므로 즉각 반응하기보다 잠시 그 자리를 벗어나 15~20분만 시간을 보내도 격앙된 감정은 한결 잦아들게 된다.

　부모의 행동은 고스란히 아이에게 전염되고 모방된다. 그렇기에 부모는 화가 나더라도 차분히 자신의 감정을 언어로 표현하는 모습을 보여주어야 한다. 잠시 자리를 비우거나 스스로를 진정시키는 행동을 보여줄 때, 아이도 자연스럽게 분노를 다스리는 법을 배운다.

　아울러 아이에게는 분노를 안전하게 표현하는 방법을 알려주어야 한다. 예를 들어 점프하기, 발 구르기, 쿠션 꽉 안기, 음악 크게 듣기, 그림 그리기, '내 안심 공간'에 들어가기 같은 방법은, 감정을 억누르지 않고도 분노를 풀어낼 수 있는 건강한 통로가 된다.

동시에 분명한 지침도 필요하다. 아무리 화가 나도 물건을 부수거나, 사람을 물고 밀치고 때리거나, 무례한 말과 욕설, 고함과 과격한 행동, 특히 부모의 신체를 건드리는 것 같은 행동은 결코 허용될 수 없다는 것을 분명히 알려주어야 한다.

무엇보다 중요한 것은 아이의 '사랑의 탱크(Love tank)'를 채워주는 일이다. 아이가 충분히 사랑받고 있음을 느낄 때, 분노는 줄어들고 감정은 훨씬 더 건강하게 표현된다. 결국 사랑이 분노 조절의 가장 든든한 뿌리가 되는 것이다.

부모님을 위한 분노 응급조치

1 + 3 + 10 + 타임아웃: 한 번 멈추고 스스로에게 말하기: "진정하자 (Calm down)." 깊고 느린 호흡 세 번 하기.

(5-2-5 호흡법: 5초 들이마시기 – 2초 멈추기 – 5초 내쉬기) 천천히 10까지 세기(아이들에게는 "돌아서서 열까지 세라"고 지도한다.)

타임아웃(Time Out): 최소 20분에서 길게는 24시간까지 자리를 피하고 시간 갖기

나의 분노 일지

따뜻한 커피 한잔과 함께 나의 분노 일지를 한번 적어볼까요? 다른

엄마와 나누어도 좋습니다.

- 나를 화나게 하는 아이의 행동은?
  1.
  2.
  3.
- 화가 날 때 나의 행동은?
- 나의 스트레스와 문제를 가지고 아이에게 화를 내는 대신 앞으로 어떻게 하면 좋을까?
- 나의 화로 인해 상처받은 자녀에게 사과를 해본 기억은? 이제라도 사과하고 싶은 자녀 이름과 사과할 일 적어보기.

말하지 않으면 알 수 없는 것들,
말을 해도 알 수 없는 것들

　　　　　　　　　　2년 전, 나의 책 〈말하지 않으면 알 수 없는 것〉들이 출간된 뒤, 제목이 참 좋다는 말을 여러 번 들었다. 그리고 시간이 흐를수록 보니 이 제목은 진리였다! '말하지 않으면' 진짜 알 수 없는 것이 바로 우리의 마음이기 때문이다.

　그 후 어떤 분이 농담처럼 말했다. "다음 책 제목은 말을 해도 알 수 없는 것들로 하셔야겠어요." 그때는 웃으며 넘겼지만, 이것도 또 생각해보니 진리다! 아무리 많은 말을 해도, 그것이 진정한 대화가 되지 않으면 서로의 속마음은 여전히 닿지 못할 것이기 때문이다. 특히 부모와 아이의 대화는 서로의 마음을 이어주는 다리가 될 수도 있지만, 때로는 깊은 상처의 골을 남길 수도 있다.

심리학자 고트만은 관계를 무너뜨리는 대화의 네 가지 위험한 패턴을 발견했다.

첫째는 비난(Criticism)이다. "너는 왜 항상 그 모양이야?", "왜 이렇게 게으르니?" 이렇게 아이의 행동이 아니라 인격 전체를 공격하는 말은 아이의 마음을 무너뜨린다. 아이는 문제를 고치고 싶어도 '나는 잘못된 존재인가?'라는 두려움과 수치심에 사로잡히게 된다.

ⓧ "너는 왜 항상 숙제를 미루니?"(인격 비난)

ⓥ "오늘 숙제를 안 하면 내일 힘들어질 거야. 30분만 시간을 내보자."(행동만 교정)

둘째는 방어적 태도(Defensiveness)이다. 부모가 자신의 감정을 솔직히 인정하지 않고, 아이를 탓하거나 변명으로 일관할 때 나타난다. "그건 네가 잘못해서 그런 거야", "엄마도 힘든데 네가 이해해야지"라는 말은 아이로 하여금 대화가 막혔다고 느끼게 하고, 결국 감정을 표현하지 않게 만든다.

ⓧ "네가 오해하는 거야. 너도 똑같이 챙기는데 그게 무슨 말이야?"(아이를 탓하는 변명)

ⓥ "그렇게 느껴졌구나. 속상했겠다. 엄마가 더 신경 쓸게."(아이의 감정을 인정하고 사과)

셋째는 경멸(Contempt)이다. 무시하는 표정, 비웃음, 비아냥거리는 말투는 아이의 자존심을 깊이 상하게 한다. "네가 뭘 안다고!", "넌 이런 별것도 아닌 일로 뭘 우니?"라는 말은 아이에게 '네 감정은 하찮다'라는 메시지를 심어 준다. 경멸은 아이가 부모를 가장 멀리 느끼게 만든다.

ⓧ "어린 네가 뭘 안다고 떠드니?"(자존감 상실)

ⓥ "네 생각을 듣고 싶어. 조금 더 설명해 줄래?"(존중의 태도)

넷째는 담쌓기(Stonewalling)이다. 부모가 대화를 피하거나, 아이의 말을 흘려듣고 자리를 떠나는 태도이다. "귀찮으니까 그만 좀 해", "나중에 얘기하자"라는 말이 반복되면, 아이는 부모에게 기대와 소통을 포기하게 된다.

ⓧ 스마트폰만 보며 "아빠 지금 바빠."(대화를 회피)

ⓥ "지금 아빠가 꼭 봐야 할 게 있어서 그래. 10분만 기다려줄래?"(양해를 구하고 대화 약속)

이 네 가지 대화는 부모 자녀 관계를 조금씩 갉아먹는 독과 같다. 그러나 비난 대신 행동을 지적하고, 방어 대신 공감하며, 경멸 대신 존중을 보이고, 담쌓기 대신 일시적 멈춘 후 다시 다가가는 작은 변화만으로도 아이는 큰 치유를 경험할 수 있다.

이렇게 아이에게 다가가세요

"좀 더 말해줄 수 있니?" 하고 귀 기울여주는 대화 "그래서 힘들었겠구나" 하고 받아주는 대화 "나라도 정말 화가 났겠다" 하고 공감해 주는 대화 "그 사람 정말 나빴네" 하고 편을 들어주는 대화

부모님의 언어 일지

따뜻한 커피 한잔과 함께 한번 적어볼까요? 가까운 사람과 나누어도 좋습니다!

- 지금껏 살면서 부모님께 들은 말 중 가장 기분 나빴던 말은 무엇인가요?
- 평소 내가 자녀에게 사용하는 원수 되게 하는 말을 적어보세요.
- 앞으로 자주 사용하고 싶은 말, 다가가는 말들을 적어보세요.

다섯 가지 사랑의 언어, 아이가 느끼는
사랑의 다섯 빛깔

부모가 아무리 많은 사랑을 주어도 자녀가 그것을 느끼지 못하는 것보다 더 큰 비극은 없다. 하지만 이것은 부모가 '사랑을 표현하는 방식'과 자녀가 '사랑을 느끼는 방식'이 서로 다르기 때문에 생기는 일이다. 부모와 자녀 사이든, 부부나 연인 사이든 사랑을 주고받는 방식은 모두 다르다.

가족 상담가이자 여러 저서를 남긴 개리 채프먼은 사랑을 표현하는 데 다섯 가지 언어가 있다고 말한다. 부모는 내가 사용하는 사랑의 언어가 무엇인지, 그리고 내 자녀가 가장 크게 느끼는 사랑의 언어는 무엇인지 반드시 알아야 한다. 그리고 '자녀의 언어'로 사랑을 전할 때, 부모의 마음은 온전히 전달되고 관계는 튼튼해진다.

첫 번째 사랑의 언어는 '인정해주는 말(Words of Affirmation)'이다. '칭찬은 귀로 먹는 보약'이라는 말이 있다. 아이에게 부모의 인정, 칭찬으로 표현되는 사랑의 말은 무엇과도 바꿀 수 없는 힘이 된다. 링컨 대통령도 한 시민이 보내준 감사 편지를 평생 지갑에 간직하고 다녔다고 한다.

이처럼 말에는 영혼을 살리는 능력이 있다. 겉으로는 무뚝뚝한 사춘기 자녀도, 속으로는 부모의 애정 표현을 간절히 기다리고 있다. '다섯 번 지도하고, 세 번 칭찬하며, 한 번 꾸지람한다'는 '5-3-1' 원칙은 아이들 교육에 반드시 필요하다. 꾸지람하기 전에 '충분히 지도했나? 충분히 칭찬하고 격려했나?' 생각해보는 것이 먼저다.

아이에게 사랑을 '굳이 말로' 표현해야 하냐고 묻는 부모들에게, 난 아주 힘주어 말씀드린다, 그렇다고! 반드시 말로 표현해야 한다고! 돈 드는 일도 아니라고! 말로 하기 쑥스럽다면 짧은 문자나 이모티콘도 좋다고! "사랑해, 우리 딸!", "수고 많았어, 우리 아들!" 이런 한마디나 귀여운 하트 이모티콘 하나가 불쑥 아이의 휴대폰으로 도착할 때, 아이는 부모님의 사랑의 바다에 퐁당 빠지게 된다.

두 번째 사랑의 언어는 '함께하는 시간(Quality Time)'이다. 사랑은 시간을 통해 자란다. 부모와 함께 보낸 시간은 아이의 가슴 속에 평생 추억으로 남는다. 공원을 걷고, 영화를 보고, 짧은 여행을 떠나던 일상 속 순간들이 아이에게는 무엇보다 귀한 선물이 된다.

팬데믹의 시간을 지나며 아이들은 인터넷과 스마트폰 속으로 깊이 빠져들었다. 그리고 이제는 인공지능의 시대를 살아가며 아이들은 점점 더 화면 속 AI 챗봇과 긴 시간을 보내고 싶어 한다. 그렇기에 부모는 더욱 의도적으로 아이 곁에 머물러야 한다. 우리가 시간을 내지 않으면, 이제 아이들의 마음을 디지털 세상에 빼앗겨 버릴 수도 있다. 부모의 따뜻한 눈빛과 목소리, 함께 웃고 걷는 그 시간이야말로 어떤 기계도 대신할 수 없는 진짜 사랑의 언어다.

단순히 같은 공간에 있는 것만으로는 충분하지 않다. 눈을 맞추고 대화하며, 아이가 좋아하는 것을 함께 나눌 때 그 시간이 비로소 사랑의 언어가 된다. 부모가 아이의 음악, 게임, 소셜미디어 세계에 발을 들이고 이해하려는 태도 자체가 이미 사랑의 표현이다. 아이들은 '엄마, 아빠가 내 세계를 존중하고 함께하려 한다'는 것만으로도 마음 깊이 사랑받고 있다고 느낀다.

세 번째 사랑의 언어는 '작은 선물(Receiving Gifts)'에 담긴 큰마음이다. 사랑하면 뭐든 주고 싶다. 값비싼 것일 필요는 없다. 작은 깜짝 선물 하나가 자녀에게는 큰 감동이 될 수 있다. 그렇다고 선물로 부모의 빈자리를 보상하려고 해서는 안 된다. 함께하지 못하는 시간 대신 선물만 내밀 때, 아이는 오히려 슬퍼진다. 선물은 반드시 마음이 담긴 표현이어야 한다.

네 번째 사랑의 언어는 '봉사(Acts of Service)'로 드러나는 사랑이다. 사실 많은 부모의 가장 주된 사랑의 언어는 봉사이고 섬김이다. 새벽부터 밤까지 자녀와 가정의 더 나은 미래를 위해 묵묵히 헌신하는 부모의 섬김과 아이들에 대한 봉사는 눈물겨운 사랑의 언어다. 그러나 대부분 아이들에게는 봉사가 오히려 낮은 순위의 사랑의 언어이기 때문에 부모의 봉사를 통해 반드시 사랑을 느끼는 것은 아니다. 그렇기 때문에 봉사뿐 아니라 아이의 다른 방식으로도 사랑을 표현하는 것이 중요하다.

다섯 번째 사랑의 언어는 따뜻한 손길, 포옹 같은 스킨쉽(Physical Touch)이다. 어릴 적에는 자연스러웠던 스킨십이 아이가 커갈수록 줄어든다. 그러나 하루 한 번 머리를 쓰다듬는다든지, 가벼운 포옹, 볼에 건네는 입맞춤은 부모의 따뜻한 사랑을 깊이 느끼게 한다.

물론 부모의 스킨쉽을 불편해하는 아이들도 있다. 하지만 대부분, 심지어 10대들도, 쑥스럽다고 물리치면서도 속으로는 부모의 손길을 그리워하는 경우가 많다. 스킨쉽은 아이들의 강력한 사랑의 언어 중 하나이다. 연구에 따르면 부모와의 신체적 접촉을 충분히 경험하지 못한 아이들이 정서적으로 더 취약해지기도 한다. 그러므로 용기를 내어 오늘 자녀를 안아야 한다. 말보다 더 깊게 전해지는 사랑이 거기에 있다.

부모라면 아이의 사랑의 언어를 반드시 알고 있어야 한다. '사랑의 언어'는 부록의 간단한 설문지를 통해 쉽게 확인할 수 있다. 이번 주말, 온 가족이 함께 자신의 사랑의 언어를 확인해보고 나누어보자. 아마 예상과 달라서 놀랄지도 모른다. 그리고 이제 '내게 편한 방식'이 아니라 '아이가 느끼는 방식'으로 사랑을 전할 때, 사랑이 낭비되지 않는다. 짝사랑으로 끝나지도 않는다!

마음의 갑옷

스스로 지키고자 아이 마음에 나는 길

"아이는 태어날 때 아무 길도 안 그려진 하얀 지도를 갖고 태어난다. 타고난 기질은 지도의 배경이 되지만, 거기 새겨지는 길은 어떤 환경에서 무엇을 경험하며 자라느냐에 전적으로 달려 있다.
어떤 아이는 부모와 주변으로부터 사랑과 격려를 듬뿍 받으며 안전하고 따뜻한 길을 마음의 지도에 그려간다. 그 길 위에서 아이는 세상을 긍정적인 시선으로 바라볼 수 있다. 반대로 상처와 외로움을 경험하며 자라는 아이의 지도에는 구불구불하고 어두운 길이 그려진다. 그리고 그 두려움과 불신의 길은 아이가 살아가는 방식에 그림자를 드리우게 된다. 다행히도, 우리 마음의 지도는 살아가면서 계속해서 수정되고 새로워질 수 있다. 따뜻한 만남, 건강한 관계, 사랑받는 경험, 진심 어린 위로와 지지 속에서 우리 아이들 마음의 지도에도 새로운 길이 날 수 있다."

아이들 마음에도 길이 있다,
마음이 스스로를 지키는 방법

아이는 태어날 때 아무 길도 안 그려진 하얀 지도를 갖고 태어난다. 타고난 기질은 지도의 배경이 되지만, 거기 새겨지는 길은 어떤 환경에서 무엇을 경험하며 자라느냐에 전적으로 달려 있다.

어떤 아이는 부모와 주변으로부터 사랑과 격려를 듬뿍 받으며 안전하고 따뜻한 길을 마음의 지도에 그려간다. 그 길 위에서 아이는 세상을 긍정적인 시선으로 바라볼 수 있다. 반대로 상처와 외로움을 경험하며 자라는 아이의 지도에는 구불구불하고 어두운 길이 그려진다. 그리고 그 두려움과 불신의 길은 아이가 살아가는 방식에 그림자를 드리우게 된다.

다행히도, 우리 마음의 지도는 살아가면서 계속해서 수정되고 새로워질 수 있다. 따뜻한 만남, 건강한 관계, 사랑받는 경험, 진심 어린 위로와 지지 속에서 우리 아이들 마음의 지도에도 새로운 길이 날 수 있다.

한편, 우리 마음은 고통이나 상처, 불안에 직면할 때 그것을 피하고 자신을 보호하기 위해 본능적으로 자신만의 '안전한 길'을 만든다. 이것을 '방어기제(defense mechanism)'라고 하는데, 이 과정은 너무도 자연스럽고 빠르게 무의식에서 일어나기 때문에, 아이도, 부모도, 우리가 방어기제라는 길을 선택하고 있다는 사실을 알지 못한다.

울고 싶지만 "괜찮아"라며 눈물을 꾹 참는 아이, 잘못을 친구 탓으로 돌리며 마음의 짐을 내려놓는 아이, 학교에서 받은 화를 집에 와 동생에게 대신 쏟아내는 아이, 자신의 행동을 정당화하며 안심하려는 아이…. 아직 어리지만, 우리 아이들도 이미 마음속에 무의식적으로 이런 길을 새기며 살아가고 있다.

두렵고 힘든 순간 마음을 지키기 위해 우리가 찾는 방어기제가 모두 부정적인 것만은 아니다. 유머, 승화, 이타심, 억제, 예상 같은 긍정적 방어기제는, 감정을 사회적으로 건강하게 전환하는 성숙한 방어기제로서 성장과 회복으로 가져온다. 그러나 억압, 전치, 투사, 합리화, 동일시, 퇴행, 부정, 행동화, 반동형성 같은 부정적 방어기제는, 감정을 왜곡하거나 피하려는 미성숙한 방어기제로서 불안정한 관계와 자기표현의 어려움으로 이어진다.

아이가 속마음을 숨기고 부정적이고 미성숙한 방어기제만 반복적으로 사용하면, 이것이 갑옷처럼 굳어져 감정을 솔직히 표현하고 해결하는 길을 배우지 못한다. 우리 아이가 어떤 방어기제를 사용하는지 읽어내고 공감해주어서 아이가 좀 더 편안하고 자유로운 길을 가게 해주는 것은, 절대적으로 부모의 몫이다.

마음을 숨기는 서툰 갑옷들, 미성숙한 마음이 가는 길

억압, 괜찮다고 말하며 마음의 서랍 속 감춰둔 것들

수잔(가명, 초등 6학년)은 친구에게 심한 놀림을 받았다. 집에 와서는 아무 일 없는 듯 행동했지만, 이후 자주 두통과 복통을 호소하기 시작했다. "혹시 학교에서 무슨 일 있었니?"라고 엄마가 물어도 "아니, 괜찮아"라고만 답했다. 기억하기 싫어 마음속 깊이 눌러둔 모욕감과 슬픔은 몸의 증상으로 나타나 수잔을 괴롭혔다.

억압(Repression)은 감정이나 기억을 무의식적으로 억누르는 방어기제이다. 특히 아랫사람이 윗사람에게 쉽게 감정을 드러내지 못하는 한국의 수직적 문화에서, 아이들은 겉으로는 아무렇지 않은 듯 행동하지만, 속으로는 분노와 슬픔, 억울함이 쌓일 수 있다. 권위적 부모 밑에서 계속적으로 억압을 경험한 아이들의 경우, 쌓여진 분노가 공격성 같이 외부로 향하든지 아니면 내부를 향해 불안, 우울, 신체화 증상 같은 문제를 야기시킬 수 있다.

억압은 아이 마음속 깊이 잠든 이야기, 아무도 모르게 감춰둔 눈물이다. 닫힌 서랍에 겉으론 잊은 듯 속으론 묻어둔 마음의 상처다. "속상했구나, 화가 났구나"라는 공감의 말이 아이를 억압의 굴레에서 꺼내주는 열쇠가 된다. 우리 아이가 억압하고 있는 감정은 무엇인지, 늘 열린 대화로 마음을 자유롭게 표현하는 부모와의 열린 관계가 필요하다.

전치, 잘못 배달된 분노와 슬픔

민수(가명, 초등 3학년)는 오늘 학교에서 선생님께 크게 꾸중을 들었다. 선생님 앞에서는 아무 말도 못 했지만 속으로 억울하고 화가 났다. 집에 와 민수는 죄도 없는 동생에게 화풀이를 했다. TV를 못 보게 하고 동생 장난감을 바닥에 내던졌다. 원래 선생님을 향했던 분노와 억울함이 만만한 동생에게로 옮겨졌다.

전치(Displacement)는 이렇게 원래 대상이 아닌 전혀 상관없는 상대에게 감정을 쏟아내는 것이다. 부모 자녀 사이에도 흔히 나타나는 방어기제다. 특히 부모가 자신이 힘들 때 힘없는 아이들에게 그 감정을 전치해서 화를 낼 때, 죄없이 표적이 되는 아이들의 내적 상처는 이루 말할 수 없다.

엉뚱한 데로 흘러간 분노, 진짜 향해야 할 곳을 잃어버린 마음, 잘못된 문을 걷어차는 감정들…. 전치는 이렇게 방향을 잃은 화살과 같다. 그러나 그 화살은 단순히 공중에 흩어지는 것이 아니라, 아이의 마음에 꽂혀 깊은 상처를 남긴다.

투사, 타인에게 건네진 내 마음의 그림자

올리비아(가명, 중1)는 게임하다 친구와 다퉜다. 친구가 자기 의견을 무시한 것이 서운해서 화가 났는데, 정작 엄마한테는 "엄마, 쟤가 나를 싫어하는 것 같아. 나만 미워하는 것 같아"라고 말했다. 올리비아는 친구한테 화가 난다는 자신의 감정이 불편해서, 오히려 친구가 자신을 싫어하는 것으로 만들어버린 것이다. 며칠 동안 올리비아는 이 친구와 말도 하지 않고 지냈다.

투사(Projection)는 말 그대로 "자기 안의 것을 자기 밖으로 내던지기"이다. 내 안에 있는 감정이나 욕구, 결점을 인정하기 어려울 때, 그것을 다른 사람의 것이라고 여겨버린다. 내 감정의 그림자를 상대방에게 덮어씌우는 것이다. 감정을 인정하고 다루는 능력이 부족한 아이들의 경우, "다른 사람 때문"이라고 믿음으로써 불안을 줄이려는 투사가 무의식적으로 종종 나타난다.

이럴 때 부모가 "화난 건 이해해. 그런데 네 마음속에 어떤 기분이 있는지도 같이 생각해보자" "친구에게 섭섭했구나. 친구에게 섭섭한 네 마음이, 친구가 너를 싫어한다는 느낌으로 바뀐 것 같아" 이렇게 감정 언어를 모델링해주는 것이 아이에게 큰 도움이 된다.

한국이나 특히 미주 이민 사회에서는 부모가 자녀에게 투사를 하기 쉽다. "나는 못 했지만, 너는 반드시 해야 해." "내가 못 누린 혜택을 너는 누려야 한다." 부모 자신의 좌절감이 아이에게 덮어씌워져 과도한 공부 강요로 나타난다. 또, 남들 앞에 나서지 못해 열등감을 가지고 살아온 엄마가, 유치원에서 발표를 제대로 못 한 아이에게 불같이 화를 내는 경우도 부모의 투사다. 누군가에게 이상할 정도로 화가 날 때는, 내 마음을 자세히 들여다보고 그것이 투사의 결과가 아닌지 살펴볼 필요가 있다.

합리화, 그럴듯한 둘러대기

민재(가명, 고1)는 이번 영어 시험에서 기대 이하의 성적을 받았다. 사실 시험 전날 늦게까지 게임을 하느라 제대로 공부를 못한 탓임을 알고 있었다. 그러나 막상 결과가 나오자 "이번 시험은 불공평해. 선생님이 출제하신 문제의 난이도가 잘못되었다고."라고 변명했다. 부모님께도 "다른 애들도 다 망쳤어. 나만 그런 게 아니야"라고 이야기하며, 실패의 원인을 외부로 돌렸다.

합리화(Rationalization)는 쉽게 말해 '둘러대기'다. 상처와 실패, 불안과 두려움 같은 진짜 마음이 힘드니 그럴듯한 다른 이유를 내세운다. 거짓말과 달리 합리화는 무의식에서 이루어진다. 달리기에서 뒤처졌을 때 "나는 원래 운동에는 소질이 없어"라고 말하며 자존심을 지키고, 친구와 사이가 틀어졌을 때 "일부러 개랑 안 노는 거야"라고 말하며 상처를 가린다.

합리화를 무너뜨리려 정면으로 공격하는 것은 도움이 되지 않는다. 아이는 수치심을 느끼고 더 강하게 방어할 수 있다. "시험이 어려워서 속상했구나."라고 아이의 감정을 존중하면서도, "그렇게 생각할 수도 있지. 그런데 네가 조금 더 준비했다면 결과가 달라졌을까?"라면서 사실을 직시할 수 있도록 이끌어줄 때, 아이는 점차 합리화의 방어막을 내려놓고 자기 마음을 더 정확하게 바라보게 된다.

부모의 삶에도 합리화는 흔하다. 아이들과 안 놀아주고 침대에서 쉬며 미안한 마음을 "일주일 내내 너무 힘들게 일했으니 아이들도 이해해야 해"라고 합리화한다. 횡단보도가 아닌 곳에서 길을 건너며 "애,

너 다리가 아플까 봐 그런 거야"라고 둘러대기도 한다. 어렸을 적 부모의 이런 반복적인 합리화는, 성장했을 때 자칫 부모에 대한 신뢰를 약화시킬 수 있다.

오래전 물에 빠질 뻔한 뒤로 난 "수영을 싫어해"라면서 물에 잘 안 들어간다. 그러다 보니 나중엔 내가 진짜 수영을 싫어하는 사람이라고 믿게 되었다. 그런데 왜 꿈속에선 그렇게 수영을 즐기는 건데! 무의식에서 일어나는 방어기제는 이처럼 강력해서, 합리화는 때로 자기 자신마저 속이며 불편한 감정으로부터 스스로를 안심시키는 역할을 한다!

동일시, 마음이 닮아가는 길

테이(가명, 초등 4학년)는 반에서 늘 자신감을 잃고 친구들에게 기가 죽는 편이었다. 그런데 요즘 들어 인기 있는 유튜버의 말투와 옷차림을 따라 하고 발표할 때도 그 유튜버의 제스처를 흉내 냈다. 친구들이 웃어주자 테이는 순간 자신이 주목받는 듯 뿌듯했다.

동일시(Identification)는 '닮는 것'을 의미한다. 존경하는 사람을 따라 함으로써 불안에서 위안을 얻고, 자기 안의 부족함을 보완하고 힘을 얻으려는 방어기제다.

형이 농구를 잘하는 것을 본 동생이 똑같이 농구선수를 흉내 내며 자신감을 얻는 것은 긍정적 동일시다. 그러나 학교에서 싸움 잘하는 친구를 모델로 삼아 거칠게 행동하는 것은 부정적 동일시다. 닮고 싶은 대상이 누구냐에 따라 성장의 디딤돌도, 문제 행동의 통로도 될 수 있다.

그렇기 때문에 아이가 누구를 동일시의 모델로 삼는지 주의 깊게 살펴야 한다. 긍정적인 모델을 만날 기회를 제공하고, 동시에 함께 있는 시간이 가장 많은 부모 스스로가 건강한 모델이 되어야 한다. 성인과 달리 무엇을 받아들이고 거절할지 선택 능력이 없는 아이들은, 부모의 장단점 모든 것을 무조건적으로 받아들이며 닮게 되기 때문이다. 부모의 말보다 삶을 닮아가는 아이들 앞에 부모는 자신이 어떤 동일시 모델이 되고 있는지 늘 살펴야 한다.

퇴행, 아이 마음이 뒤로 걷는 까닭

앨리스(가명, 초등 2학년)에게 최근 동생이 태어났다. 부모의 관심이 온통 아기에게 쏠리자, 앨리스는 평소 잘하던 일을 갑자기 못하는 척하기 시작했다. 물도 잘 엎지르고, 혼자 잘 자던 아이가 엄마 옆에서 자려고 하거나, 심지어 손가락을 빠는 모습도 보였다. 엄마에게 유난히 보채고, 사소한 일에도 울음을 터뜨렸다. 부모는 "큰애가 왜 갑자기 이렇게 아기 짓을 하지?" 하고 당황하게 되었다.

퇴행(Regression)은 감당하기 어려운 상황 앞에서 어렸을 적 행동으로 되돌아가는 방어기제다. 단순히 철이 없어지거나 버릇이 나빠진 게 아니라, 불안하거나 외로운 마음을 더 어린 시절의 안전했던 방식으로 표현하는 자연스러운 심리 반응이다. 성인들도 때로는 무의식적으로 과거의 '안전한 시절'을 잠시 빌려와 현재의 위협적인 상황의 불안을 달래려 하기도 한다.

퇴행은 '어린애 같다'라며 혼낼 일이 아니다. 아이는 성장을 멈춘 것이 아니라, 불안하여 성장 과정에서 잠시 쉬어가고 있는 중이다. "왜 철이 없어졌니?"라며 꾸짖는 대신, "요즘 네가 엄마 아빠 사랑이 줄어든 것 같아 속상했구나. 그렇지만 넌 여전히 우리에게 소중한 큰딸이야" "네 마음이 힘드니까 아기처럼 굴고 싶은가 보구나. 괜찮아" 이렇게 공감과 격려를 해주면, 퇴행은 대부분 일시적이므로 아이는 곧 자기 발달 단계로 돌아오게 된다.

부정, 현실을 외면하며 버티는 마음

규식(가명, 초등 5학년)이는 45점짜리 수학 시험지를 받아든 순간 얼굴이 화끈거렸다. 하지만, 친구에게 "이번 시험은 선생님이 너무 어려운 문제만 낸것 같지 않아?. 우리 이번 시험 다 망쳤잖아"라며 변명을 늘어 놓았다. 그리고 엄마에게는 "선생님이 채점을 잘못한 것 같아. 다시 확인하면 점수 올라갈 거야"라고 말해버렸다. 자신이 문제를 너무 못 푼 걸 알면서도, 실망감과 수치심을 인정할 수 없어 사실을 애써 부정하며 자존심을 지켜내려 했다.

부정(Denial)은 불편한 현실을 인정하지 않으려는 방어기제다. 감정적으로 받아들이기 힘든 사실을 아예 없다고 생각하거나 무시함으로써 스스로를 상처로부터 지키려 한다. 단순한 거짓말이나 핑계가 아니라, 마음이 큰 충격을 직면하지 않으려는 무의식적 보호 장치이다. 현실을 부인하고 왜곡하는 방어기제이지만, 마음이 감당할 힘을 얻기 위해 잠시 시간을 벌고 있다는 신호이기도 하다. 이때 아이는 믿고 싶지 않은 진실의 파도를 애써 모른 척하는 불안한 해안이 된다.

이런 아이에게 "왜 거짓말을 하니? 사실을 인정해!"하고 몰아세우면 아이는 더 방어적으로 굳어지고, 마음을 닫아버릴 수 있다. 오히려 "점수 때문에 속상했구나. 이번 시험이 아주 어렵게 느껴졌지?"라고 감정을 먼저 읽어 주는 것이 필요하다. '속상하다'라는 마음을 안전하게 드러낼 수 있을 때, 아이는 비로소 현실을 조금씩 직면할 힘을 얻는다. "나는 여전히 사랑받는다"라는 확신을 경험하면서 비로소 부정의 방어막을 내려놓고 사실을 마주할 용기를 낼 수 있다.

행동화, 몸짓에 새겨진 마음

준이(가명, 중2)는 친구가 자신을 따돌린다는 생각에 속이 상했다. 하지만 불편한 감정을 친구에게도 그 누구에게도 표현할 자신이 없었다. 준이는 집에 와서 방문을 세게 닫았다. 그리고 방에 들어온 동생에게 나가라며 연필을 집어던졌다. 이유를 묻는 엄마에게도 "그냥 짜증나!"라고 소리를 질렀다. 가족이 꼭 함께 먹는 저녁 식사 자리에도 "안 먹어!"하며 방에서 안 나와 부모님을 걱정시켰다.

행동화(Acting Out)는 속상하고 화가 나고 억울한 감정을, 말로 표현하지 못하고 충동적인 반사행동으로 드러내는 방어기제다. 말을 잘하지 못하는 유아들이 울거나 바닥에 드러눕는 등 떼쓰는 행동도 행동화다. 하지만 컸는데도 감정을 말로 표현 못하고, 저항이나 폭력적인 행동화로 이어진다면 부모님의 주의가 필요하다.

그렇다고 해서 무조건 행동을 억누르는 것만으로는 해결되지 않는다. 부모가 해야 할 일은 행동 자체를 그대로 두지 않되, '감정의 근원'

을 말로 꺼낼 수 있게 돕는 것이다. "오늘 힘든 일이 있었구나. 행동으로 그러지 말고 차분히 말로 얘기해 줄 수 있겠니?" "화가 나서 물건을 던졌구나. 하지만 위험하니까 그거는 안돼. 대신 힘들어도 말로 표현해 줄래?"라고 안내하는 것이다. 이를 통해 아이는 행동 뒤에 숨어 있는 감정을 점차 인식하고 언어로 표현하는 법을 배우게 된다.

반동형성, 정반대 모습으로 지켜낸 마음

주미(가명, 초등 2학년)는 동생이 태어나면서부터 부모님 사랑을 빼앗길까 봐 질투와 불안을 느꼈다. 그러나 그런 내색을 하면 혼날까 봐 오히려 동생을 아주 예뻐하고 돌보는 척했다. 싫은 친구에게도 겉으로는 "너랑 있으면 너무 좋아. 나는 너랑만 놀래."라며 유난히 친절하게 굴었다. 엄마 때문에 짜증 나고 화가 날 때도 "우리 엄마 최고!"라며 과도한 애정 표현을 하곤 했다. 주미는 감정과 반대로 행동하는 아이가 되어가고 있었다.

반동형성(Reaction Formation)은 실제로 느끼는 감정과 정반대로 행동하는 방어기제다. 마음속에는 질투, 두려움, 분노 같은 부정적 감정이 있지만 드러내기가 두렵거나 불편해, 무의식적으로 억누르고 그 반대의 행동을 하는 것이다. 하지만 이 경우 내면의 부정적 감정은 사라지지 않고 오히려 더 깊숙이 쌓여만 간다.

부모는 아이의 겉으로 드러난 친절과 애정만 보고 안심하거나 칭찬하기보다, 그 이면에 숨겨진 진짜 감정을 살펴야 한다. "동생을 잘 돌봐줘서 기특하다"라는 말로 끝내지 않고, "혹시 엄마 아빠가 동생만 사랑할까 봐 속상하지 않았니?"라고 물어봐 주는 것이 필요하다. 안전한 환경 속에서 진짜 감정을 표현할 수 있을 때, 반동형성은 점차 줄어들고, 아이는 자기 마음을 더 솔직하게 다루는 법을 배우게 된다.

아픔을 꽃으로 피워내는 힘, 성숙한 마음이 가는 길

유머, 웃음으로 가리는 불안

폴(가명, 고2)은 발표 차례만 되면 얼굴이 빨개지고 가슴이 두근거렸다. 어느 날 순서가 왔을 때, 폴은 "내 심장이 지금 브레이크 댄스 중이에요(My heart is now practicing breakdancing)!" 라고 하면서 발표를 시작했다. 교실 안에서는 와 하고 웃음이 터져 나왔고, 긴장했던 폴의 마음도 조금 편안해졌다.

유머(Humor)는 힘든 상황이나 불편한 감정을 웃음으로 바꾸어 표현하는 방어기제다. 다른 방어기제와 달리 비교적 성숙한 형태의 마음 다스리기다. 불안이나 긴장을 그대로 드러내지 않고, 유머를 통해 완화시키는 것이다. 예를 들어 시험을 망친 뒤 "아, 내가 오늘 실수로 머릿속에 장난감 배터리를 넣고 왔어!!"라며 스스로 농담을 던지는 것이다. 사실은 속상하고 부끄럽지만, 유머를 통해 마음의 짐을 덜어내는 것이다.

모든 유머가 건강한 것은 아니다. 누군가를 조롱하거나 지나친 자기비하로 이어지면 유머도 상처가 될 수 있다. 그리고 때로는 진짜 감정을 숨기는 수단으로 아이들이 사용할 수도 있다. 그럴 때는 "웃으면서 말하지만, 속으로는 속상했을 것 같은데"라고 말하면서 감정을 짚어주어야 한다. 아이의 유머를 알아채고 "긴장됐을 텐데 이렇게 웃음으로 풀어냈구나. 멋진 방법이야"라고 말해줄 때, 아이는 자기감정을 긍정적으로 다루는 힘을 키우게 된다.

승화, 아픔을 꽃으로, 상처를 힘으로

다현(가명, 초등 5학년)이는 친구와 싸워 화가 나면 집에 와 한참 동안 피아노를 쳤다. 처음에는 건반을 세게 두드리며 분노를 표현했지만, 시간이 지나면서 피아노 소리도 차분해졌다. 엄마는 "화가 난 마음을 피아노로 표현했구나. 멋진 방법이야"라고 칭찬해 주었다. 다현이는 분노를 부정적으로 발산하지 않고 음악이라는 안전한 통로로 다루는 법을 배웠다.

승화(Sublimation)는 불안, 분노, 충동 같은 부정적 에너지를 사회적으로 바람직하고 가치 있는 활동으로 바꾸어내는 훌륭한 방어기제다. 억압, 전치, 행동화처럼 감정을 억누르거나 왜곡되게 표현하지 않고, 긍정적인 형태로 전환한다는 점에서 '가장 성숙한 방어기제'로 여겨진다. 성인들에게도, 승화는 욕구불만과 갈등을 사회적으로 용납될 수 있는 활동으로 바꾸는 창의적 방어기제가 된다.

승화는 아이들이 음악, 그림, 운동, 글쓰기, 봉사 활동 등을 통해 생산적이고 의미 있는 방식으로 감정을 소화해내는 힘을 길러준다. "그림으로 기분을 표현했구나. 참 좋은 방법이야"라고 인정해 줄 때, 아이는 감정을 다루는 건강한 방법을 더욱 강화하게 된다.

이타심, 주는 기쁨으로 지키는 마음

수진(가명, 고2)이는 최근 부모님의 이혼으로 마음이 매우 우울했다. 혼자 살게 된 아빠도 걱정이 되고, 자신과 동생을 기를 생각에 마음이 무거운 엄마를 봐도 마음이 아팠다. 수진이는 우울한 마음을 달래기 위해 지난 주말부터 동네 보육원 봉사를 시작했다. 엄마, 아빠 모두에게 버림받은 아이들과 놀아주면서, 수진이는 마음이 한결 나아졌다.

이타심(Altruism)은 자신의 아픔을 남을 돕는 행동으로 바꾸며 위안을 얻는 성숙한 방어기제이다. 남을 돕는 행동은 단순히 상대방을 위한 것이 아니라, 자신에게도 안정감을 주는 길이 되기 때문이다. 속상한 일이 있지만, 친구의 짐을 들어주거나 동생의 숙제를 도와주며 무의식적으로 아이는 안정감을 찾고 마음을 회복할 수 있다. 부모는 아이의 작은 친절 속에 숨어 있는 치유의 힘을 알아보고 격려해줄 필요가 있다.

억제, 감정을 잠시 접어 두는 지혜

현지(가명, 중2)는 오늘 학교에서 억울하게 선생님께 혼이 났다. 너무나 화가 났지만, 집에 돌아와서 바로 엄마에게 말하려다 참았다. 엄마가 "무슨 일 있었어?"라고 물었지만, 고개를 젓고 숙제를 먼저 했다. 속에서 여전히 들끓는 감정이 있었지만, 현지는 그 감정을 당장 터뜨리고 싶지 않아 눌러두었다. 잠시 후 저녁 식사를 마친 뒤, 마음이 조금 진정되자 "사실 오늘 학교에서 이런 일이 있었어…" 하며 차분히 이야기를 꺼냈다.

억제(Suppression)는 '무의식적'인 억압(Repression)과 달리, 감정을 당장 터뜨리지 않고 적절한 순간까지 '의식적으로' 미루는 것이다. 속상하고 화가 나도 '지금은 말할 때가 아니야'라고 스스로 조절하며 상황을 기다리게 하는 성숙한 방어기제이다. 감정을 억누르는 것이 아니라 자기 통제와 인내를 사용하여 적절한 순간에 표현하는 건강한 방어기제다.

예상, 다가올 순간 미리 품기

세희(가명, 중3)는 내일 학교에서 큰 발표를 앞두고 있었다. "혹시 말이 막히면 어떡하지?"라는 불안이 고개를 들었지만, 그 불안을 외면하지 않았다. 오히려 거울 앞에서 여러 번 연습하고, 가족 앞에서 작은 무대를 펼치듯 한 번 해보았다. 불안은 여전히 있었지만, 준비된 마음은 세희에게 용기를 주었다.

어른도 그렇지만 특히 아이들은 다가올 일이 두렵고 불안할 때가 많다. 내일 있을 발표, 새로운 친구와의 만남, 혹은 시험과 같은 순간들이다. 어떤 아이는 그 불안을 무시하려 하지만, 또 어떤 아이는 무시하는 대신 미리 그 장면을 떠올리며 준비함으로써 마음을 편하게 만든다.

예상(Anticipation)은 이렇게 다가올 불안을 미리 생각하고 준비함으로써 감정적 충격을 줄이는 방식이다. 아이는 불안한 상황을 피하지 않고, 오히려 준비를 통해 마음을 안정시킨다. 회복탄력성과 자기 대처 능력을 높여주는 아주 성숙한 긍정적 방어기제다.

부모님께 드리는 말씀

우리 아이들이 사용하는 방어기제는 단순히 문제 행동이나 고쳐야 할 습관이 아닙니다. 미성숙하나마, 갑자기 내리는 비를 피하기 위해 아이가 두른 작은 비옷이고, 어디선가 날아온 힘든 현실의 화살을 피하려는 갑옷입니다. 아직 스스로 감정을 다루는 법을 완전히 배우지 못한 우리 아이가, 무의식적으로 자신을 보호하는 길을 찾아냈습니다. 이 모든 것이 불안과 상처로부터 어린 마음을 지키려는 시도였어요!

그러나 방어기제라는 갑옷은 오래 입고 있으면 무겁습니다. 처음에는 마음을 지켜주지만, 시간이 지나면 오히려 아이를 더 외롭게 하고, 진짜 감정을 표현하지 못하게 막아요. 갑옷 뒤에 숨은 마음을 읽어 주세요. 그 마음을 존중해주세요. 아이가 안전함을 느껴 그 갑옷을 스스로 서서히 내려놓을 수 있도록 도와주세요!

8
Chapter

부모의 자리

기쁨과 고단함의 사이에서

"부모의 여정에는 선물과 무게가 동시에 함께한다.
아이의 해맑은 웃음이나 작은 성취는 분명 축복 같
은 선물이지만, 그 길에서 감당해야 하는 부모의 책
임과 의무는 결코 가벼운 것이 아니다.
이 기쁨과 고단함 사이가 바로 '부모'라는 자리다."

아이를 키우는 부모의 여정에는 선물과 무게가 동시에 함께한다. 아이의 해맑은 웃음이나 작은 성취는 분명 축복 같은 선물이지만, 그 길에서 감당해야 하는 부모의 책임과 의무는 결코 가벼운 것이 아니다. 이 기쁨과 고단함 사이가 바로 '부모'라는 자리다.

이 마지막 장은 부모의 삶이 얼마나 고단한지, 그러나 그 고단함 속에서도 어떻게 빛나는 기쁨의 순간들을 만들어 갈 수 있는지에 대한 이야기다. 어떻게 하면 부모의 고단한 발걸음이 단순한 수고가 아니라 아이의 삶을 세워나가는 기쁨의 흔적이 될 수 있는지 나눠보고자 한다.

울타리 안에서 자라는 사랑,
경계와 결과의 두 날개

부모의 삶이 고단한 큰 이유 중 하나는

바로 훈육의 문제다. 많은 부모는 시간이 지나면서 아이들의 문제가 자연스레 사라지리라 기대한다. 아니, 기도한다. 하지만 그렇지 않다. 지금이라도 아이의 마음을 돌보고, 건강한 행동을 가르쳐주지 않으면, 아이의 문제는 결코 저절로 사라지지 않는다. 어린 시절 건강하게 다루지 못한 감정과 습관은 성인이 되어서도 아이의 발목을 잡는다. 나이를 먹었어도 '성인 아이(adult child)'로 문제를 안고 살아가게 된다.

행동의 바운더리를 정해주는 '경계(boundaries)'와 행동의 대가를 경험하게 하는 '결과(conseQuences)', 이 두 가지는 아이가 온전한 성인으로 성장하게 해주는 '사랑의 두 날개'다. 이 둘을 통해 아이는 세상이 자기 뜻대로 돌아가는 것이 아니라, 질서와 일관성 속에서 운영된다는 사실을 배운다. 이 깨달음은 아이가 성숙한 삶을 살아가는 데 꼭 필요한 기초다. 쉰살이 되어도 여전히 이것을 배우지 못한 채 살아가는 성인 아이들의 모습이 이 순간에도 마구마구 떠오른다!

훈육의 첫 번째 날개는, 아이가 "어떤 행동은 해도 되고, 어떤 행동은 해서는 안 되는지" 그 '경계'를 분명하게 알고 자라도록 하는 것이다. 아이를 가두려는 것이 아니다. 오히려 지켜주려는 것이다. 자유와 독립을 갈망하는 10대들도 마음속 깊은 곳에서는 어디까지 행동하는 것이 안전한지 확인하고 싶어 한다. 부모가 단호하게 "이 선은 넘어서는 안 된다"라고 알려줄 때, 아이는 오히려 그 '경계' 안에서 안도감을 느낀다. '경계'가 없는 가정에서, 부모는 지치고 아이는 불안해진다. 아이는 어디까지 가능한지 끝없이 행동으로 부모를 시험하고, 그 과정에서 갈등은 깊어진다.

제이든(가명, 중3)은 집에서 부모, 할머니, 동생에게 F자, S자, B자 욕을 입에 달고 살았다. 제이든에게 세상 모든 사람은 멍청이(stupid)였고, 조금만 불편하면 밤이고 낮이고 짜증과 화를 냈다. 저녁도 가족과 같이 먹기 싫다고 아무 때나 혼자 먹었고, 엄마와 할머니에게 소리를 지르거나 밀치는 것은 제이든의 일상이었다.

제이든 부모가 가장 먼저 해야 할 일은 '이제부터라도' 가정의 바운더리를 세우는 것이다. 욕설을 하거나 모욕적인 표현을 사용하는 것, 다른 사람 몸에 손을 대는 것, 고함을 지르는 것, 식사를 자기 마음대로 하는 것 등은 허용되지 않는 행동임을 명확하게 알려줄 필요가 있다. 다른 집에서는, 다른 아이들은 어떻게 행동하든지, 우리 집에서는 이제부터라도 하면 안 되는 행동이 있음을 단호하게 알려주면서, 그런 행동 대신 어떻게 감정을 표현할지 '실질적인 대안'도 함께 가르쳐주어야 한다.

많은 부모의 걱정과는 달리, 아이들은 이러한 기준을 제시받을 때 오히려 안정감을 느낀다. 반항적인 태도를 보이면서도 "나는 부모님과 가정이라는 안전한 울타리 안에 있구나."라는 확신이 생기기 때문이다. 결국, 가정의 '바운더리'는 아이를 '억압하는 장치'가 아니라, 아이가 건강하게 성장할 수 있도록 보호하는 '안전한 울타리'가 된다.

두 번째 날개는, 아이들이 "내가 한 행동에는 반드시 '결과'가 따른다"라는 사실을 배우면서 자라게 하는 것이다. 부모는 차분하지만 단호하게, 그리고 무엇보다도 일관성 있게 행동의 '결과'를 아이들이 경험하게 해야 한다. 이것이야말로 아이가 좋은 행동을 배우는 가장 효과적인 방식이다.

예를 들어, 약속을 지키지 않으면 휴대폰 스크린 타임이 줄어든다. 물건을 던지면 스스로 치워야 한다. 이런 경험을 통해 아이는 자신이 선택한 행동이 삶에 어떤 영향을 미치는지를 단순히 잔소리로 듣는 것이 아니라, 몸으로 체험하며 배우게 된다.

장난감을 안 치울 때 "왜 안 치워!"라고 혼만 내고 대신 치워준다면 아이는 불편한 결과를 전혀 경험하지 못한다. 오히려 '엄마나 아빠가 항상 치워주겠지'라고 잘못 학습하게 된다. 그러나 안 치운 장난감은 일정 시간 동안 사용하지 못하도록 하면, "치우지 않으면 내가 좋아하는 장난감을 못 가지고 논다"라는 사실을 깨닫고, 다음에는 스스로 행동을 조절하게 된다.

"너무 늦지 않았나요? 이런 것은 아주 어릴 적부터 가르쳤어야 하는 거 아닌가요?"라고 묻는 부모에게, 나는 이제라도 늦지 않았다고 말씀드린다. 아이가 커버린 만큼 더 거센 반항을 마주할 것이고, 시간과 노력도 더 많이 들어갈 것이다. 하지만 '이제라도' '결과'를 일관성 있게 경험하게 될 때, 아이는 '더 늦기 전에' 선택의 무게와 책임에 대해 배우게 될 것이다.

제이든 부모님은 어느 저녁, 제이든과 진지한 가족회의를 열었다. 그날은 학년 첫날 하굣길, 제이든이 같은 스쿨버스를 탄 동생을 챙기지 않고 혼자 집으로 와버린 날이었다. 새 학년을 맞아 처음으로 버스를 탄 동생은 정류장에서 오빠가 보이지 않아 혼자 집을 찾아 헤매야 했다. 그런데도 제이든은 전혀 죄책감을 보이지 않았다. 부모님은 그 자리를 빌려 가족이란 무엇인지, 어떤 말과 행동은 허용되고 어떤 것은 허용되지 않는지 진지하게 이야기했다.

그날부터 가장 먼저 정한 원칙은 '저녁은 반드시 가족과 함께 먹는다'라는 것이었다. 만약 함께 먹지 않으면, 배가 고파도 그날 밤은 그냥 자야 한다는 '결과'도 설명했다. 제이든에게 끌려가는 것이 아니라 확고하게 규칙을 제시하는 부모가 된 첫날이었다. 이렇게 작은 규칙부터 시작해, 다른 행동의 '경계'와 그에 따른 '결과'도 차근차근 적용해 나가기로 했다.

무엇보다 중요한 점은, '결과'는 처벌이 아니라는 것이다. 처벌은 두려움과 반항심을 낳지만, '결과'는 책임과 배움을 남긴다. 그리고 '결과'는 반드시 공정하고 일관되게 시행되어야 한다. 오늘은 크게 혼내고 내일은 그냥 넘어간다면 아이는 혼란스러워진다. '결과'가 감정적인 보복이 되어서도 안 된다. 오히려 관계를 해치게 된다. 피곤하고 힘들고 귀찮은 순간에도, 부모가 '결과'를 일관되게 적용할 때 아이는 좋은 습관을 배우고 마음도 안정된다.

만약 부모의 노력에도 불구하고 아이가 지속적으로 반항하거나 폭력적인 행동까지 보인다면, 가정 내 훈육만으로는 한계가 있다. 이때는 전문 상담가, 소아·청소년 정신건강의학과, 지역 아동 청소년 상담센터 같은 외부 자원을 적극적으로 활용하는 것이 필요하다. 부모가 전문가와 협력하는 모습을 보며, 아이는 단순히 엄마 아빠의 잔소리로 여겼던 자신의 행동이 '진짜 도움이 필요한 문제'라는 메시지를 깨닫게 되기 때문이다.

7세 고시, 4세 고시,
부모도 아이도 힘겨운 현실

교육 또한 부모의 고단한 삶의 큰 부분이다. 사회 전체가 아이들을 끝없는 경쟁의 트랙 위로 내몰고 있는 현실 속에서, 부모는 아이의 미래를 위해 쉼 없이 달린다. 그러나 그 과정에서 부모도, 아이도 어느새 경쟁의 피해자가 되곤 한다. 그 길 위에서 부모와 아이 모두 점점 지쳐가면서, 교육은 더 이상 기쁨이 아니라 한없이 무겁고 고단한 짐처럼 다가올 수 있다. 부모가 감당하는 이 고단함을 이해하고, 교육의 본질이 아이의 성적이 아니라 삶과 마음을 키우는 일임을 되새길 때, 비로소 부모도 아이도 다시 숨을 고를 수 있다.

얼마 전, 잠들기 전 무심코 틀어놓은 유튜브에서 KBS「추적 60분」의 '7세 고시'라는 영상을 보게 되었다. 제목만 보고도 잠이 확 달아날 만큼 충격이었다. 7세 고시라니! 아직 초등학교 입학도 하지 않은 만 5~6세 아이들이, 이른바 빅3, 빅10이라 불리는 유명 영어학원에 들어가기 위해 시험을 치른다고 한다. 아이들이 책가방을 메기도 전에 경쟁의 무대 위에 세워지고, 부모는 그 경쟁을 준비시키느라 마음을 졸이며 또 다른 고단함을 떠안게 되는 것이다.

내 눈에는 아직도 아기 같기만 한 이 아이들이, 대치동 학원가의 '7세 고시' 시험장 앞에 서 있다. 그곳에서 한 남자아이가 끝내 울음을 터뜨린다. 아이를 달래며 "화이팅"을 외치는 엄마, 눈물을 훔치며 시험장으로 들어가는 아이. 그런데 이 아가들이 15분 만에 서론, 본론, 결론이 들어있는 영어 에세이를 쓴다고? 이거 레알임? 도무지 믿기지 않아 오히려 잠이 확 달아나 버렸다!

더 충격적인 것은 학원가의 태도였다. 한 유명 영어학원 입시 대비 '새끼학원'의 강사는 상담을 온 부모에게 이렇게 조언했다.

"일단 영어 단어 1,800개를 달달 외우게 돌리시고요."

아니, 아이가 무슨 청소기인가, 믹서기인가, 물레방아인가? 돌린다는 표현부터 내 마음을 거슬리게 한다. 이어서 그는 태연하게 말한다. "5문단 에세이는 20분 안에 외워 쓰게 하셔야 합니다."

나는 평생 미국 고등학교에서 ESL을 가르쳤지만, 고등학생들에게조차 이런 기대는 해본 적이 없다. 미국 아이들도 초등학교 1학년이 이런 과제를 해낸다면 영재 중의 영재일 것이다. 그런데 지구 반대편의 다섯, 여섯 살 아이들이 초등학교 3학년 교재로 평가받는다니, 이것은 뭔가 발달 단계에 맞지 않는 과도한 지적 요구라고 여겨진다.

심지어 이제는 '4세 고시,' '3세 고시'라는 말까지 등장했다. 모국어 발달도 겨우 시작되는 만 2살, 3살 아이들이 유명 영어유치원에 들어가기 위해 준비 학원을 다니고 영어 과외까지 받는다. 영어유치원 준비 학원이라니! 유치원 입시 과외라니!

아주 몰랐던 한국 사교육 현장은 아니었다. 하지만 출산율 저하로 학생 수가 감소되는 동안, 이 현장은 더욱 지옥으로 변한 것 같다. 대치동이나 부유층 자녀들만의 이야기가 아닌 것이, 놀이터에 아이들이 없다고 한다. 아이들이 다 학원에 가 있어서 친구와 놀려면 학원에 다녀야 하는 것이 한국 초딩의 현실이라고 한다. 그리고 이제 선택이 아니라 거의 필수가 돼버린 '선행 학습' 학원비 때문에 알바까지 뛰는 엄마들도 있단다!

지난봄 한국을 방문했을 때 묵었던 호텔 근처 학원 광고가 떠오른다.

"여름방학 초등 의대 준비반, 미적분 반."

광고 문구를 보는 순간 놀라지 않을 수 없었다. 미국에서는 대부분의 학생이 고등학교를 졸업할 때까지도 미적분을 배우지 않는다! 전문가들은 이렇게 이른 시기의 과도한 선행 학습은 아이의 뇌 발달에 오히려 부정적 영향을 끼치는 '과부하'라고 지적한다. 물론 단기적으로는 아이가 앞서 나가는 것처럼 보일 수 있다. 그러나 장기적으로는 학습에 대한 흥미를 잃거나, 창의력 저하, 정서적 불안 등 여러 가지 부작용을 초래할 수 있다고 한다.

한국에서 만난 30대 40대의 평범한 부모들은 이렇게 말했다. "다른 나라도 그렇겠지만, 특히 서울에서는 부모의 도움이 아니면 내 집 마련은 꿈조차 꾸기 어렵습니다." 이들은 "우리는 부모 세대보다 더 못 살게 된 첫 세대"라며 깊은 상대적 빈곤감을 토로했다. 이처럼 절대 빈곤이 아니라 상대적 빈곤이 불행을 키우는 시대를 살아가는 요즘 부모들은, 아이만큼은 자신들과 다른 삶을 살게 하고 싶은 마음에 사교육을 쉽게 포기하지 못한다. 이렇게 불안만을 가중시키는 초경쟁 사회에서 결혼이나 출산에 대한 두려움과 거부감이 생기는 것은 어쩌면 당연한 일이다. 결국 한국 사회는 아이들의 수가 줄어드는 것뿐만 아니라, 자칫하면 남아 있는 아이들의 행복까지도 위협받는 상황에 놓여 있는 것 같다.

한국만의 이야기가 아니다. 한국보다는 덜하지만, 이곳에서도 어려서부터 특기교육과 선행 학습에 시달리다 결국은 힘들어져 학교도 못 가게 되는 한인 아이들을 상담 현장에서 종종 만난다. 학원과 선행 학습만이 답은 아니다. 부모가 지켜야 할 것은 성적이나 스펙이 아니라 아이의 소중한 마음이다. 학원 문화를 거부하고 소신 있게 아이와 시간을 보내는 부모들도 있다. 아이의 행복을 선택한 부모의 용기에 응원을 보낸다!

영상에서 본 대치동 학원가에는 '스트레스 프리존'이라는 공간이 있었다. 학원에서 학원 사이 잠시 들른 아이들이 그곳에서 소리를 지르고 뛰어다니며 스트레스를 푼다. 이런 한국의 아이들을 세계적으로 권위 있는 르몽드지는 "가장 불행한 아이들"이라고 평가했다.

이제 부모와 사회가 함께 만들어가야 할 세상은, 아이가 정서적으로 건강하고 행복하게 살아갈 수 있는 세상이다. 아이는 조건 없는 사랑으로 품어주고, 칭찬과 응원으로 세워줄 때 비로소 안전하게 자란다. 진짜 배움은 교과서 속에 있지 않다. 일상의 놀이와 쉼, 대화를 통해, '성적보다 마음을 지켜내는' 부모야말로 아이의 영혼을 지켜주는 마지막 울타리다.

괴물 부모와 금명 아빠,
조건부 사랑과 괜찮다는 사랑

"게으르고 한심한 새끼…. 내가 잠시

잊었네. 학교도 못 다니던 새끼라는 걸. 공부 안 하는 문과 갔으니 남는 게 시간일 테니 용돈 모자라면 알바하고… 앞으로도 어차피 지 소득 수준에 맞춰 사는 연습도 하고… 딱 8학기 동안 등록금 용돈 대고 서로 끝내자. 창피해서 다른 엄마들한테 그냥 K대 붙었다고 했으니 알아서 말하고…"

이것은 실제로 K대 인문계열에 입학한 한 학생이 어머니로부터 받은 문자라고 한다. 의대에 가지 못했다는 이유로 아들을 이렇게 대하는 부모의 태도에 많은 사람이 충격을 받았다. 더 놀라운 것은, "우리 부모도 그랬다"라는 비슷한 경험담이 댓글로 줄줄이 이어졌다는 사실이다.

"학교도 못 다니던" 이란 표현은 이미 중·고등학교 시절부터 정서적 어려움이나 학업의 고통을 겪었다는 건데, 그런 아들이 SKY 중 하나인 K대에 입학했다면, 자랑스러운 일 아닐까? 의대가 아니라 문과에 간 것이 정말 연을 끊을 일일까? 이 질문들이 이어지는 동안 떠오른 것이 '괴물 부모'(Monster Parents)라는 표현이었다.

'괴물 부모'라는 표현은 2000년대 초반부터 일본에서 주로 학교와 교사에게 비상식적 요구를 하거나, 아이의 잘못을 인정하지 않고 과도하게 두둔하는 부모들을 지칭하는 용어였다. 비슷한 시기 한국에서도 쓰이기 시작하면서, 한국에서는 교사에게 무리한 요구를 하는 부모뿐 아니라, 아이에게 지나치게 경쟁과 성취를 강요하는 부모까지 포함하는 말로 확장되어 쓰이고 있다.

'괴물 부모'는 매우 적극적이고 지나친 교육 열정으로 자녀를 압박

하는 부모다. 이런 부모들은 자녀의 교육과 성장을 위해 모든 것을 투자하지만, 그 과정에서 많은 문제점을 발생시킨다. 자녀에게 성적, 대회 수상, 입시에서의 성공 등 높은 목표를 요구하며, 이를 이루지 못할 경우 실망하거나 화를 낸다. 겉으로는 자녀의 미래를 걱정하는 듯 보이지만, 실제로는 부모 자신의 불안, 체면, 욕망을 아이에게 '투사'하고 있기 때문이다.

괴물 부모는 훈육이 아닌 통제를, 지도가 아닌 강요를, 사랑이 아닌 조건을 내세우며 아이를 길러낸다. 이런 부모 밑에서, 아이는 '존재 자체로 사랑받는 경험'을 하지 못하고, 끊임없이 '성과를 증명'해야 하는 존재로 자라난다. 그러다 보니 우울증, 불안장애, 완벽주의, 낮은 자존감 같은 심각한 정신 건강 문제가 발생한다. 부모의 지시와 통제 아래 살다 보니 혼자서는 아무것도 못 하고 창의력도 줄어든다.

미래의 안정적인 삶을 보장한다는 명목 아래, 아이들의 정신 건강과 부모와의 관계가 이렇게 희생되고 있다. 서울 근교 대학에서 근무하는 한 교수의 말에 따르면, 기숙사에 있던 학생들이 서울에 계신 부모와의 관계를 단절하기 위해 몰래 월세방으로 이사 나가는 경우도 종종 있다고 한다. 가슴 아픈 일이다.

요즘 화두 중 하나는 드라마 "폭삭 속았수다"의 금명 아빠다. 아주 어린 금명이가 밥을 먹는다. 아빠는 조심스레 묻는다. "진짜 먹을 수 있어?" 끄덕이는 금명이에게, "아니다 싶으면 뒤로. 냅다 퉤 해, 알지?" 초등학교 입학식 날 가방을 메다 넘어지는 금명이에게, "일단 갔다가 아니다 싶으면 뒤로. 냅다 집으로 뛰어와, 알지? 아빠 집에 있어."

운동회 전날도 "1등 안 해도 되니까 못하겠으면 뒤로. 자빠지면 아빠한테 냅다 뛰어와, 아빠 내일 뒤에 있을게. 알지?" 대학 입시장에서도, 심지어 결혼식장에서 딸의 손을 잡고 들어가기 직전에도 뒤로 아빠는 일관성이 있다! "금명아, 수틀리면 뒤로. 아빠한테 냅다 뛰어와. 아빠 맨날 여기 있어."

이런 아빠는 환상일까, 현실일까? 의외로 많은 사람들이 온라인에서 "우리 아버지도 금명 아빠 같았다"라는 고백을 남겼다. 읽는 내 마음도 따뜻해졌다. 인생의 모든 '뒤로'를 허락해주는 아빠, 금명은 "내가 외줄을 탈 때마다 아빠는 그물을 펼치고 서 있었다"고 말한다. 금명 아빠는 바로 그런 아빠다.

나의 부모님도 금명 아빠, 금명 엄마였다. 아버지는 매일 아침내 머리를 땋아주시고, 해져버린 신발주머니(그런 게 있었다!)도 꿰매 주셨다. 고등학교 시절, 터질 듯 무거운 가방을 버스 정류장까지 들어다 주시고는 만원 버스에 올라타는 나를 안쓰럽게 바라보며 손을 흔드시곤 했다.

엄마도 늘 내 곁에 계셨다. 내가 밤을 새워 공부할 때면 "그만하고 자라" 하시면서도, 안쓰러운 마음에 중간중간 라면도 끓여주시고 내 옆에서 밤새 괜스레 바느질을 하셨다. 두 분 모두 내게 공부 잘하라는 말은 한 번도 하신 적이 없었다. 그저 곁에서 묵묵히 지켜주고, 힘들면 기대도 된다는 신호를 주셨다. 그것이야말로 나를 끝까지 붙잡아 준 사랑이었다.

각자의 부모로서 우리가 가는 길은 참 다르다. 어떤 이는 아이를 끝까지 지켜내는 금명 아빠가 되고, 또 어떤 이는 자기도 모르게 아이를 짓누르는 괴물 부모가 된다. 부모가 그 기쁨과 고단함 사이에서 묵묵히 걸어가야 하는 이유는 단 하나, 아이의 행복을 지키기 위함이다. 무엇도 그 이유를 대신할 수는 없다.

'뒤로'해도 괜찮다고 말해주는 부모, 힘들면 언제든 '냅다' 달려오라는 부모. 이런 부모 곁에서 아이들 마음은 더 건강해지고, 삶의 용기는 커진다. 금명 아빠들이 점점 더 많아지는 세상이 되었으면 좋겠다!

**놀이와 쉼, 아이의 마음을
키우는 순간**

가족 휴가는 생각도 못 하던 나의 초등학교 시절, 아버지가 하루는 갑자기 언니와 나를 데리고 남산에 가셨다. 맛있는 빵도 사주시고 함께 서울을 내려다보던 그 여름날은 두고두고 기억에 남는다. 비 오는 날은 일을 못 해 집에 계셨는데, 흘러간 옛노래를 틀어놓고 엄마와 노래를 하시거나 오빠들과 화투를 치셨다. 진 사람이 사 오는 오징어 땅콩 과자를 얻어먹으러 어린 나는 늘 붙어 앉아있던 기억이 난다.

한 번은 살던 동네에 홍수가 나 대피를 해야 했다. 오빠들은 장독대에 올라가 텐트를 치고 집을 지키고, 부모님과 나는 무릎까지 차는 물살을 헤치고 높은 지역 여관에 가 며칠을 지냈다. 심각한 자연재해 상황이었지만, 거기서 부모님과 맛있는 거 사다 먹으며 지냈던 며칠이

철없던 내게는 왜 그렇게 재미있던지! 대학 시절 너무 일찍 떠나신 아버지와의 시간 중 지금까지 가장 기억에 남는 것은, 바로 이렇게 짧지만 '즐겁게 함께 놀았던' 순간들이다.

아이들에게, 즐거움의 경험은 매우 중요하다. 부모님과 함께한 작은 즐거움의 기억은 이렇게 아이 마음에 평생 남는 자산이 된다. 그렇기에 부모는 무엇보다도 아이와 시간을 보내야 한다. 책을 읽어주고, 자전거를 가르쳐주고, 산책을 나가고, 식탁에서 눈을 마주치는 시간은 아이의 마음을 단단히 붙잡아 준다. 부모와 함께 쉬고 노는 동안 정서적인 안정과 안전한 애착이 만들어진다. 그렇기 때문에 반찬 만들 시간이 없으면 사다 먹으면서라도 지켜야 할 시간은, 아이와 보내는 시간이다. 이 시간이 아이를 건강하고 행복하게 한다.

부모도 아이도 재미있게 시간을 보낼 수 있는 것 중 하나가 카드나 보드게임이다. 아이들 심리치료에도 게임은 많이 쓰인다. 어른하고 별로 놀아 본 경험 없던 아이들이 상담실에서 나와 게임을 하면서 얼굴이 환해진다. 기도 펴지고 마음이 밝아지면서 시키지 않은 자신의 이야기를 하기 시작한다. 게임을 하며 놀아준 것뿐인데, 놀면서 이야기를 들어주고 '격하게' 공감해준 것뿐인데, 아이들의 불안이, 우울이 좋아졌다고 부모님들이 놀라신다.

상상해 보자. 매일 같이 화가 나 있고 심각한 주문만 하던 아빠와 동등한 위치에서 게임을 한다! 심지어 아빠를 이긴다! 매일 잔소리와 야단만 치던 엄마를 골려줄 기회도 온다! 늘 어렵고 멀던 부모님과 웃겨서 데굴데굴 구르며 게임을 하는 것은, 아이들에게 놀라운 인생 경험이고 그들의 긍정적 감정 어카운트에 차곡차곡 적립된다. 내가 상담하는 아이의 많은 부모들은 내가 권한 게임을 구입하여 집에서 아이들과 좋은 시간을 보내고 있다.

놀이는 그저 시간을 때우기 위한 것이 아니다. 놀이와 게임은 단순한 재미를 넘어, 시각적 집중력, 손 조절력, 숫자 감각, 공간 인지력, 창의력, 사회성까지 훈련시킨다. 게임 규칙을 숙지해야 하고, 전략을 세워야 하며, 손으로 카드, 코인 등을 만져야 하는 보드게임들은, 뇌의 CEO인 전두엽을 자극하여 강화시키기까지 한다. 놀아주는 부모님의 시간은 아이들에게 바로 사랑의 언어로 전달된다….

점점 더 스크린 속 게임에만 매달리는 아이들에게, 가족과 얼굴을 마주하며 하는 보드게임과 카드 게임은 아이의 정서 발달에 훨씬 깊은 영향을 남긴다. 게임은 단순한 오락이 아니라, 아이의 마음을 열고, 관계를 회복하며, 자신감을 키우는 소중한 다리가 되어준다.

AI 시대, 부모의 사랑이 답이다

21세기의 아이들은 태어날 때부터 디지털 세상에 둘러싸여 자란다. 인터넷과 AI 챗봇, 그리고 SNS 알고리즘은 언제 어디서든 아이 곁에 다가와 친구처럼 말을 건넨다. 부모의 눈에는 그 모습이 신기하고 편리해 보일 수도 있다. 그러나 그 편리함의 그림자 속에는 아이의 마음을 조용히 흔드는 위험이 숨어 있다.

끝없이 이어지는 영상 시청, 빠져나오기 힘든 게임의 중독성, 감정을 미묘하게 조정하는 알고리즘은 아이의 정서를 서서히 잠식한다. 화면 속 세계가 아이의 가장 가까운 친구가 될 때, 현실의 관계는 점점 뒤로 밀려나고 아이의 마음에는 알 수 없는 외로움과 불안이 자라난다.

그렇기에 부모는 더욱 아이와 시간을 보내야 한다. 아이를 지켜내는 가장 큰 힘은 여전히 부모의 체온과 사랑이기 때문이다. 화면이 아니라 부모의 눈빛과 목소리, 함께 웃고 뛰노는 시간이야말로 아이의 마음을 건강하게 붙잡아 주는 가장 확실한 울타리다.

2025년 8월 미국의 16세 소년 아담 레인(Adam Raine)은 오랜 기간 챗GPT와 대화를 나눈 뒤 스스로 목숨을 끊었다. 아담의 가족은 AI 챗봇이 자살을 계획하도록 조력했다고 주장하며 OpenAI를 상대로 소송을 제기했다. 챗GPT가 심지어 '아름다운 자살'이라고까지 표현하며 권장했다는 법적 자료도 공개되었다(CBS News).

아담도 처음에는 학업을 위해 챗GPT를 사용했지만, 점차 정서적인 어려움을 나누면서 초기에는 챗GPT가 위로의 말을 건네기도 했다. 챗GPT는 자해나 자살과 같은 민감한 주제가 나오면, 전문 상담이나 정신과 도움을 받으라고 권하도록 설계되어 있다. 그러나 아담은 "이건 과제를 위한 것"이라며 우회적으로 자살에 대한 질문을 던졌다. 그 순간 인공지능은 스스로의 제한을 넘어 자살 방법과 자살 메모 작성까지 알려주었고, 결국 아이는 그 정보를 실제로 실행에 옮기고 말았다.

인공지능은 이미 아이들의 삶 속에서 이렇게 학업뿐 아니라, 정서적 대화 상대, 때로는 친구나 연인처럼 여겨질 정도로 깊숙이 들어와 있다. AI를 사용해 본 사람은 안다. 이 기계가 얼마나 사람을 닮아 있는지를! 정서적으로 취약한 아이들이 현실과 가상의 경계를 잃고, 인공지능을 단순한 기계가 아닌 '교감할 수 있는 존재'로 인식하는 것은 매우 위험한 일이다. 기계인 챗봇을 유일한 위로자로 여기게 되는 정서적 몰입은 앞으로 아이들 정신 건강에 점점 더 큰 위협이 될 수 있다고 여겨진다.

이런 세상에서 21세기 부모가 해야 할 가장 중요한 일은, 아이를 인터넷 화면과 AI에게 맡겨 두지 않고 '곁에서 몸을 부딪치며 시간을 함께 보내는 것'이다. 부모와 함께 웃고, 함께 뛰고, 일상을 나누며 대화할 때 아이는 "세상은 화면이 전부가 아니다"라는 사실을 깨닫는다. 부모의 눈빛과 따뜻한 목소리의 경험은 어떤 스마트폰 화면도 대신할 수 없는 "나는 사랑받고 있다"라는 메시지를 디지털 소음보다 더 크게 울려준다.

부모의 체온과 사랑은 인공지능이 결코 대신할 수 없는 가장 강력한 울타리이다. 아이의 마음을 붙잡아 주는 것은 부모의 존재밖에 없다. 부모가 아이를 휴대폰과 컴퓨터 앞에서 불러내어 함께 시간을 보낼 때, 아이는 외로운 순간에도 극단적인 선택이 아니라 부모의 품으로 돌아올 수 있다.

AI 시대일수록 아이의 생명을 지켜주는 가장 큰 힘은 부모다. 부모가 관계를 놓지 않고 곁에서 함께 걸어갈 때, 아이는 한 치 앞을 알 수 없는 세상 속에서도 흔들리지 않고 건강하게 살아갈 수 있다.

부모라는 병,
엄마는 괜찮으세요?

부모라는 삶은 참으로 고단하다. 언제나 아이를 위해 달리다 보면, 정작 나 자신은 돌볼 겨를이 없다. 그러나 부모가 지치고 무너지면 아이를 지켜낼 힘도 약해진다. 그래서 부모의 마음과 몸을 돌보는 일은 사치가 아니라 의무다. 아랫글은 2년 전 출간된 나의 에세이집 〈말하지 않으면 알 수 없는 것〉에 담았던 글이지만, 부모의 셀프 케어에 너무 의미가 있는 이야기라서 다시 전하고 싶은 마음으로 여기 소개한다.

"앤 라못(Anne Lamott)은 내가 좋아하는 작가 중 하나다. 그녀는 셀프 케어, 즉 자신을 돌보는 것에 대한 이야기를 아주 많이 한다. 셀프 케어란 일생 우리에게 따라다니는, 다른 사람들을 즐겁게 하고 돌보는 일을 잠시 떨쳐버리고, 오로지 나 자신의 필요에 집중하는 것이라고 말한다. 설거지가 있는 방향을 안 쳐다보고 좋아하는 향의 커피 한 잔을 놓고 잠시 책을 읽는 것이다. "소확행," 소소하지만 확실한 행복은 여러 군데서 찾을 수 있다.

지금은 뉴욕타임스 베스트셀러 저자이고 유명 작가지만, 미혼모로 아들을 키우며 경제적, 감정적으로 너무나 힘들 때 그녀가 종종 사용했던 셀프케어를 책에서 읽은 기억이 난다. 산다는 게 무섭고 아무 힘이 없을 때, 그녀는 스스로를 위한 혼자만의 "크루즈"를 가졌다. 향이 좋은 촛불을 하나 켜놓고 애견을 옆에 두고 낡은 소파 위에 누워 가장 좋아하는 M&M 초콜릿을 한 그릇 담아놓고 먹으면서 잡지를 읽는 거,

이것이 그녀 혼자만의 크루즈였다. 참으로 소박한 이 크루즈가 그녀에게는 다시 살아갈 힘을 내게 해주는 산소마스크였다.

살다 보면 자신에게 친절하고 자신을 돌보는 일은 늘 뒷전으로 밀리게 된다. 필요를 채워줘야 할 많은 사람과 많은 일들이 늘 우리를 기다리고 있기 때문이다. 그리고 그 일들은 모두 크고 임박하고 중요한 일로 여겨지기 때문이다. 깨어있는 시간 내내 우리를 필요로 하는 아이들과 배우자, 나이가 들어가면서 건강 문제로 씨름하시는 부모를 돌보는 것도, 직장에서는 내 분야에서 최고의 능력을 발휘해야 하는 것도 당장 절실한 일들이다.

그러나 다른 사람들을 실망시키고 싶지 않아서 자신에게 친절하지 않고 자신을 잘 돌보지 않다 보면, 누구나 감정적, 육체적 탈진을 경험하게 된다. 우리는 끝없이 힘이 솟아나는 강철로 만든 수퍼히어로들이 아니기 때문이다. 순교자의 얼굴을 하고 나는 이렇게 헌신적으로 산다고 세상에 외쳐봤자 우리가 받는 보너스는 없다. 우리가 지쳐버릴 때, 오히려 우리가 사랑하는 사람들, 사랑으로 하던 일들에 대한 분노가 일어난다면 얼마나 슬픈 일인가!

내게는, 상담할 때 쓰는 행복 리스트가 있다. 기분 좋게 해주는 일들 (Pleasant Activities) 리스트다. 100가지 정도 되는데 전혀 특별한 일들이 아니다. "좋아하는 음악 듣기, 일찍 자기, 맛있는 음식 먹기, 아름다운 풍경 감상하기, 퍼즐 맞추기, 그림 그리기, 바닷가 가기, 걷기, 멋진 옷 입기, 악기 배우기, 게임하기, 라인 댄싱, 요리하기, 집 정리하기, 머리 스타일 바꾸기, 친구 만나기, 영화 보기, 책 읽기, 전화하기, 과자 굽기,

목욕하기, 강아지랑 놀기….″ 등등이다. 자신을 기분 좋게 해주는 자신만의 리스트를 꼭 가지고 있을 일이다.

책 들고 찜질방 가기, 뻔한 드라마 보면서 멍때리기, 땅콩 크림 빵(내 주치의는 읽지 않으시기를 소원함!) 먹으며 헤이즐넛 커피 마시기, 문구점이나 북카페에서 수첩이나 노트 고르기, TV 틀어놓고 퍼즐 조각 맞추며 무한성취감 느끼기 등등은 나의 크루즈 항목 중 일부이다.

앤 라못은 말한다. "전적 셀프케어는 기쁨과 버팀, 자유의 비결이다. 우리가 우리의 사랑하는 사람들을 돌보듯, 낮잠, 건강한 음식, 깨끗한 침대보, 향기로운 커피 한 잔으로 우리 자신을 돌볼 때, 우리는 보다 풍성하게 이 세상에게 줄 수 있는 사람이 된다"라고."

엄마는 괜찮으신가요?

　바쁘고 치열한 전쟁 같은 매일 속에서 엄마는 요즘, 잘 지내고 계시는가요? 아이의 미래를 위해 애쓰는 동안, 자신은 충분히 돌보고 계시는가요? "나는 괜찮아, 아이만 잘되면 돼"라고 말하지만, 가끔은 울컥하고, 가끔은 너무 벅차지 않으셨나요? 힘들어서 아무것도 못 하겠고 모든 것을 놔 버리고 싶은 건 아닌가요?

　그렇다면, "나만의 크루즈"를 떠나보세요! 엄마도 괜찮아야 해요! 하루 10분이라도, 아이가 아닌 '나'를 위한 시간을 가져보세요. 커피 한 잔을 천천히 마시거나, 잠깐 눈을 감고 깊게 숨 쉬거나, 친구를 만나 마음껏 웃어보세요. 엄마의 회복이 아이의 회복입니다. 행복한 엄마가 행복한 아이를 키웁니다!

Epilogue

　Sunflower English Book Club을 시작한 지도 어느덧 6년이 되어간다. 지금 네 개의 모임으로 나뉘어, 줌을 통해 함께 영어로 책을 읽으며 성숙해가는 여정이 계속되고 있다. 모든 모임의 첫 책은 스콧 팩 박사의 *아직도 가야 할 길(The Road Less Traveled)이다.

　6년 전 시작된 첫 모임에서는 이 책이 너무 좋아 요즘 다시 앙코르 리딩으로 읽고 있다. 이 책을 처음 읽을 때, 아이들을 이미 많이 키워놓은 우리 부모들은 아이들에게 아주 많이 미안해했다. 그리고 아주 많이 사과를 했다.

　이 책에는 스콧 팩 박사가 '자녀 양육에 관한 가장 멋진 시'라고 소개한 칼릴 지브란의 다음 시가 실려 있다.

On Children(아이들에 대하여)

Your children are not your children.

당신의 아이들은 당신의 소유가 아니다.

They are the sons and daughters of Life's longing for itself.

그들은 생명이 스스로를 갈망하여 낳은 아들딸이다.

They come through you, but not from you.

아이들은 당신을 통해 세상에 오지만, 당신의 것이 아니다.

And though they are with you, yet they belong not to you.

비록 당신 곁에 있지만, 당신에게 속하지 않는다.

You may give them your love, but not your thoughts.

당신은 아이에게 사랑을 줄 수 있지만, 생각까지 줄 수는 없다.

For they have their own thoughts.

아이들은 저마다의 생각을 가지고 태어난다.

You may house their bodies, but not their souls.

당신은 아이의 몸을 집에 둘 수는 있지만, 영혼까지 가둘 수는 없다.

For their souls dwell in the house of tomorrow, which you cannot visit, not even in your dreams.

아이들의 영혼은 내일에 속해 있고, 부모는 그 내일을 꿈에서도 갈 수 없다.

You may strive to be like them, but seek not to make them like you.

아이들을 애써 닮으려 해도 좋지만, 그들을 당신과 같은 사람으로 만들려고 해선 안 된다.

For life goes not backward nor tarries with yesterday.

인생은 거꾸로 가는 것이 아니며 어제에 머물러선 안 되기 때문이다.

You are the bows from which your children as living arrows are sent forth.

부모는 활이고, 아이는 그 활에서 날아가는 살아 있는 화살이다.

The archer sees the mark upon the path of the infinite,

활 쏘는 이인 하나님은 영원의 길 위의 과녁을 바라보시며,

and He bends you with His might that His arrows may go swift and far.

그의 화살이 멀리, 빠르게 나아가도록 부모인 당신을 굽히신다.

Let your bending in the archer's hand be for gladness

그러니 활 쏘는 이의 손에서 당신이 굽혀질 때, 기쁨으로 굽혀지라.

For even as He loves the arrow that flies,

그는 날아가는 화살을 사랑하시듯,

so He loves also the bow that is stable.

굳건히 버티는 활 또한 사랑하시기 때문이다.

매일 기록적인 더위로 힘들게 하던 여름이 드디어 물러가고, 선선한 바람이 불어오기 시작한다. 가을을 맞으며 아이들이 떠나간다. 대학으로, 첫 직장으로, 새로운 일을 찾아, 또 가정을 이루기 위해. 아이들이라는 화살은 마침내 우리 부모라는 활을 떠나 그들의 미래를 향해 날아간다.

아이들은 떠나기 위해 자라고, 부모는 보내기 위해 키운다. 자녀를

보내신 하나님 손에 쥐어진 활인 우리가 기쁨으로 굽혀지고, 흔들림 없이 굳건히 버텨야 할 이유는, 하나님은 날아가는 화살만큼이나 우리 부모 또한 사랑하시기 때문이다.

이 고단한 길을 오늘도 묵묵히 걷고 있는 세상 모든 부모님께 따뜻한 사랑과 응원을 보낸다.

뉴저지에서

김 선 주

P.S. 이 책의 수익 전액은, '러브더월드'를 통해 가장 어려운 부모의 삶을 선택하여 씩씩하게 살아가고 있는 한국 미혼모/미혼부들을 위해 쓰입니다.

부록

우리 아이 사랑의 언어는?

아이와 함께 문항을 읽고, 해당되면 체크(✓)하세요.

부모는 부모 관찰 칸, 아이는 아이 느낌 칸을 각각 체크합니다.

마지막에 체크 수를 합산해보세요.

칭찬과 인정(Words of Affirmation)

"잘했어!"라는 말을 들으면 기쁘다.　　　(아이: 　)(부모: 　)

혼나지 않고 칭찬받을 때 마음이 편하다.　(아이: 　)(부모: 　)

내가 만든 것을 칭찬해주면 좋아한다.　　(아이: 　)(부모: 　)

내가 한 일을 인정해줄 때 힘이 난다.　　(아이: 　)(부모: 　)

"네가 있어서 고마워"라는 말이 듣고 싶다.　(아이: 　)(부모: 　)

부모가 내 이야기를 진지하게 들어줄 때 좋다.(아이: 　)(부모: 　)

함께하는 시간(Quality Time)

부모랑 같이 노는 게 제일 좋다.　　　　(아이: 　)(부모: 　)

선물보다 "같이 놀아줘"가 더 좋다.　　　(아이: 　)(부모: 　)

산책이나 놀이터 가는 시간이 행복하다.　(아이: 　)(부모: 　)

혼자보다는 함께할 때 더 즐겁다.　　　　(아이: 　)(부모: 　)

대화할 때 눈을 맞추면 따뜻하다. (아이:)(부모:)
부모가 내 얘기를 끊지 않고 들어줄 때 좋다. (아이:)(부모:)

선물(Receiving Gifts)

작은 간식이나 스티커도 기쁘다. (아이:)(부모:)
내가 좋아하는 걸 기억해주면 행복하다. (아이:)(부모:)
선물을 받으면 오래 간직하고 싶다. (아이:)(부모:)
받은 걸 자랑하고 싶다. (아이:)(부모:)
편지나 포장 같은 것도 기쁘다. (아이:)(부모:)
깜짝 선물을 받으면 특별하다. (아이:)(부모:)

봉사와 도움(Acts of Service)

힘든 일을 도와주면 고맙다. (아이:)(부모:)
신발 끈 묶어줄 때 좋아한다. (아이:)(부모:)
내가 부탁할 때 바로 도와주면 기쁘다. (아이:)(부모:)
숙제를 도와주면 든든하다. (아이:)(부모:)
아플 때 챙겨주면 사랑받는 기분이다. (아이:)(부모:)
못하는 일을 도와주면 너무 좋다. (아이:)(부모:)

스킨십(Physical Touch)

안아줄 때 가장 행복하다. (아이:)(부모:)
뽀뽀해줄 때 따뜻하다. (아이:)(부모:)

힘들 때 안아주면 금세 괜찮아진다.	(아이:　　)	(부모:　　)
손잡거나 등을 쓰다듬으면 편하다.	(아이:　　)	(부모:　　)
몸으로 비비적거리며 노는 게 좋다.	(아이:　　)	(부모:　　)
잘 때 꼭 안아주는 게 좋다.	(아이:　　)	(부모:　　)

* 각 언어별 점수를 합산해보세요.

* 가장 높은 점수를 받은 영역이 아이의 주된 사랑의 언어입니다.

(부모의 생각과 다를 수 있어요!)

* 아이는 성장하면서 여러 언어를 동시에 원할 수 있으니 융통성 있게 해석하세요.

이런 말로 감정을 표현해요

감정 범주	감정 어휘
기쁨·행복	즐겁다, 신난다, 기쁘다, 뿌듯하다, 자랑스럽다, 만족스럽다, 행복하다, 편안하다, 설레다, 희망차다
슬픔	속상하다, 우울하다, 서럽다, 눈물이 난다, 허전하다, 외롭다, 쓸쓸하다, 아프다, 그립다, 낙심하다
분노·짜증	화가 난다, 짜증 난다, 억울하다, 답답하다, 불공평하다, 분하다, 성질 난다, 속 터진다, 열받는다
두려움·불안	무섭다, 겁이 난다, 불안하다, 떨린다, 초조하다, 걱정된다, 불편하다, 당황스럽다, 긴장된다, 조마조마하다
놀람·당혹	깜짝 놀라다, 신기하다, 황당하다, 어리둥절하다, 당혹스럽다, 놀랍다, 어안이 벙벙하다, 멍하다
사랑·애정	좋다, 보고 싶다, 고맙다, 미안하다, 안심된다, 따뜻하다, 그리워하다, 아낀다, 애틋하다, 소중하다

이런 말로 사랑을 표현해요

I love you. 사랑해. I am proud of you. 정말 자랑스러워.

I believe in you. 너를 믿어. I'm here for you. 언제나 네 곁에 있을게.

I trust you. 너를 믿어. I forgive you. 용서할게.

I hear you. 네 말 잘 들었어. I'm sorry. 미안해.

I enjoy spending time with you. 너와 함께 있는 시간이 참 좋아.

I am learning from you. 너한테서 많이 배우고 있어.

I admire your curiosity. 너의 호기심이 정말 멋져.

I respect you. 너를 존중해.

I am lucky to have you. 네가 내 아이라니, 나는 참 행복한 사람이야.

I love how you think. 네 생각을 하는 방식이 참 좋아.

Thank you. 고마워. Mistakes are okay. 실수해도 괜찮아.

Let's figure it out together. 우리 함께 방법을 찾아보자.

Never give up. 절대 포기하지 마.

It's okay to rest. 쉬어도 괜찮아. You are brave. 너는 참 용감해.

You are kind. 너는 다정해.

You are more than enough. 넌 너 자체로 충분해.

You make me happy. 너 때문에 행복해.

You can do hard things. 넌 어려운 일도 해낼 수 있어.

You're so creative. 너는 정말 창의적이야.

You're unique. 너는 세상에서 단 한 명뿐이야.

Your feelings matter. 네 감정은 소중해.

You make a difference. 너는 세상에 좋은 변화를 주고 있어.

You are strong. 너는 강해.

You're important. 너는 소중한 사람이야.

You can ask for help. 도움이 필요할 땐 언제든 말해도 돼.

You're thoughtful. 너는 참 생각이 깊구나.

You're growing every day. 넌 매일매일 성장하고 있어.

Your ideas are great. 네 아이디어가 정말 멋져.

You're fun to be around. 너랑 있으면 즐거워.

You are capable. 너는 능력 있는 아이야.

You are a good listener. 너는 이야기를 잘 들어주는구나.

You are adventurous. 너는 모험심이 있어.

You brighten my day. 너는 내 하루를 밝게 해줘.

You are so helpful. 너는 참 도움이 많이 돼.

You can achieve great things. 너는 멋진 일들을 해낼 수 있어.

You are generous. 너는 마음이 넓고 너그러워

You are a great problem-solver. 너는 문제를 잘 해결하는 아이야.

You can always come to me. 언제든 나에게 와도 돼.

You are making progress. 점점 나아지고 있어.

Your dreams matter. 너의 꿈은 정말 소중해.

You are worthy. 너는 사랑받을 자격이 충분해.

You are my favorite part of the day. 너는 내 하루 중 가장 특별한 순간이야.

오늘 내 감정을 체크해봐요

기쁨/만족

오늘 작은 일에도 감사한 마음이 들었다.( )

아이와 함께 웃었던 순간이 있었다.( )

내 하루가 대체로 만족스럽다.( )

분노/짜증

아이에게 화를 낸 뒤 후회했다.( )

오늘 반복적으로 짜증이 올라왔다.( )

억울하고 불공평한 생각이 들었다.( )

슬픔/지침

무력감이나 허전함이 밀려왔다.( )

너무 지쳐서 아무것도 하고 싶지 않았다.( )

너무 힘들어 눈물이 났다.( )

불안/걱정

일이 잘 안 풀릴까 불안했다.( )

아이의 미래가 걱정되어 마음이 무거웠다.( )

작은 일에도 예민하고 조마조마했다.( )

평안/안정

오늘은 비교적 차분하고 안정된 하루였다.( )

아이와 갈등이 있었으나 잘 다스렸다.( )

내 감정을 의식하며 차분히 반응했다.( )

하루를 마무리하며 각 문항에 체크하세요.

* 분노 · 슬픔 · 불안 체크가 많다면 →

　지금은 자기 돌봄(self-care)이 필요하다는 신호입니다.

* 기쁨 · 평안 체크가 많다면 →

　아이와의 관계에 긍정적인 에너지가 흐르고 있다는 의미입니다.

* 매일 기록하면 감정 패턴을 발견할 수 있고, 부모 자신의 정신 건강 관리에 큰 도움이 됩니다.

부모와 아이를 지켜주는 문장들, 바로 사용할 수 있어요

경계를 세울 때(Boundaries)

"우리 집에서는 소리를 지르지 않기로 해. 마음은 항상 말로 표현할 수 있도록 하자."

"이건 안전하지 않아서 할 수 없어. 대신 ○○를 해보자."

"거실에서는 뛰지 않는다. 대신 놀이터에서 마음껏 뛰자."

"동생의 물건은 허락 없이 만지지 않는다."

"식탁에서는 휴대폰 대신 음식을 먹기로 해."

"놀던 장난감을 그대로 두면 안 돼. 그 장난감은 나중을 위해서 오늘은 치워둬야 해."

" 장난감을 던지면, 이 장난감은 오늘 하루 동안 쓸 수 없어."

"약속한 숙제를 하지 않았으니, 오늘은 만화 영화를 볼 수 없을거야."

"컵을 엎질렀으니 네가 직접 닦아야 해. 다음에는 더 조심할 수 있겠지?"

"약속한 시간보다 늦게 들어왔으니, 내일은 놀이터에 나가는 시간이 줄어든다."

긍정적 대안을 제시할 때(Redirection)

"지금은 시끄럽게 놀 수 없어. 대신 작은 소리로 게임을 하자."

"공은 거실 말고 놀이터에서 놀자."

"동생을 밀고 싶을 만큼 화가 나면, 말로 '화났어'라고 먼저 말하렴."

"네가 하고 싶은 마음은 알겠어. 그런데 방법을 바꿔보자."

공감과 확신을 줄 때(Empathy + Assurance)

"네 마음이 화난 거 알아. 그렇지만 사람을 때리는 건 안 돼."

"속상했구나. 하지만 물건을 던지는 건 안전하지 않아."

"너의 기분은 이해해. 그렇지만 지켜야 하는 규칙이 있어."

"네가 더 잘할 수 있다고 믿어."

"네가 노력하는 모습이 자랑스러워."

부모도 경계가 필요할 때(Self-care Boundaries)

"엄마(아빠)는 지금 잠깐 쉴 시간이 필요해. 5분 뒤에 다시 이야기하자."

"네 이야기를 듣고 싶지만, 지금은 몹시 흥분된 상태라 차분히 말할 수 없어. 잠시 뒤에 이야기하자."

"엄마(아빠)도 네가 지켜주면 힘이 나."